民初
旅行見聞

趙君豪——採訪
蔡登山——主編

20
位名人的旅行記

旅行講座

九六叟相伯

趙君豪和《旅行雜誌》

關志昌

趙君豪（一九〇二—一九六六），字乃謙，江蘇興化人，清光緒二十八年五月初七日〔一九〇二年六月十二日，生年據趙吳靜波〈痛哭君豪〉、謝然之（炳文）〈哀悼君豪兄〉、姚朋（彭歌）〈豪公與自由談〉享年六十五歲，及〈痛哭君豪〉：「民國五十年六月，正是他花甲之慶。」推算而得。〕生於興化。父德齊。趙君豪六歲束髮受書，就讀於興化趙氏私塾。民國元年，與冷欣（容庵）一同就讀興化縣立乙種初級商業學校（昭陽高等小學前身），二人交稱莫逆。二年，讀於昭陽高等小學。六年，入江蘇省立第二師範學校。八年，考入交通部上海工專中院，課餘投稿報刊，並兼上海《申報》（館主史量才）特約通訊員。十一年，升讀交通大學〔校長盧炳田（孔生）〕工商業管理系；同年與吳靜波結婚〔此據〈痛哭君豪〉：「以我們夫妻四十五載伉儷情深。」推算而得，同文作：「十一年升交通大學。」「二十一歲，君豪和我結婚，也就在這一年，他升入交通大學。」以傳主生於一九〇二年計算，是年年二十一〕。十五年夏，交通大學〔校長淩鴻勛（竹銘）〕畢業，為《申報》羅致，初任記者，後升編輯、副總編輯。十六年三月，國民革命軍（總司令蔣中正）第一軍薛岳（伯陵）師克復上海，是時冷欣任中國國民黨上海市黨部組織部長，故人重逢，相與研究黨義，旋加入中國國民黨；同年上海商業儲蓄銀行總經理陳輝德（光甫）創辦中國旅行社，又發行《旅行雜誌》，提倡旅遊事業，聘趙君豪為主編，雜誌圖文並茂，銷數達二萬冊以上，編務之餘，經常為雜誌撰寫遊記，其後彙刊為《遊塵瑣記》等書（「中國旅行社」版）。十八年，於東北易幟後，代表《申報》參加「上海報界視察團」，北上訪問；公餘擔任教職，歷任復旦、暨南、政治大學、上海商學院等校教授。二十三年冬，於《旅行雜誌》以提倡旅行為宗旨，範圍較其他刊物為狹，每期所採登之稿件，盡是國內外遊記，無非狀山水之勝而已，決定加以革新，於翌年增闢「旅行講座」一欄，規定每期訪問一人，「係就旅行的範圍內隨便提出一些問題討論。最大的期望，是要極力減免所謂『模山範水』的談話，而要獲得若干細小有趣味的旅行經歷譚」（《旅行譚薈》序），第一位接受訪問之人，為於聖誕節前三日訪問之九五老人馬相伯（良）。二十四年一月，訪問中央研究院院長蔡元培（孑民）；二月，訪問前交通大學校長葉恭綽（玉甫）；十月，與長兄爾謙訪問褚民誼（明遺）；同年「東南交通週覽會」編輯出版《東南攬勝》一書，與江家瑁主編。二十五年三月，自漢口沿粵漢鐵路南行，訪粵漢路株韶段工程局局長淩鴻勛於南嶽衡山，後直達廣州，所有沿線名勝古蹟，均駐足遊觀，復作香港、澳門之行，歸滬後成《南遊十記》一書（由葉恭綽題耑，「中國旅行社」版），十記依次為：「江行之樂」、「長江一日」、「涤河大橋」、「南嶽登臨」、「衡陽聞見」、「郴山郴水」、「山水橋洞」、「廣州名勝」、「澳門中山」、「香港遊觀」，附錄「漢粵紀行」，另插圖五十幅；十二月，撰《旅行譚薈》序於上海。

二十六年一月，出版《旅行譚薈》（「中國旅行社」版），由葉恭綽題耑，第四頁分別用英文、中文題上「To My Parents」、「此書謹獻於我的父母」，是書依訪問先後依序，收訪問馬良（相伯）、蔡元培、葉恭綽、許世英（靜仁）、潘公展、沈怡（君怡）、顧維鈞（少川）、蔣維喬（竹莊）、黃伯樵、王正廷（儒堂）、褚民誼、黃炎培（任之）、高鳳謙（夢旦）、李景樅、丁福保（仲祜）、淩鴻勛、王曉籟（孝賚）、陳光甫、吳開先、王雲五（岫廬）訪問記共二十篇，並附以各人之近照與題字；七月，抗戰軍興；十一月，上海淪陷，蟄居於租界「孤島」。二十七年，出版《中國近代之報業》（上海「申報館」版）。二十八年，升任《申報》總編輯，「申報館」設於英租界，在日軍環伺下，不改立場，繼續宣傳抗戰，日軍對《申報》言論與該報總編輯極表不滿，趙居豪任內設立清貧優秀子弟獎學金，其後各報紛起效法。三十年十二月，「太平洋戰爭」起，日軍開入租界，聞報，先將妻兒疏散，獨自搬到「申報館」樓上居住，繼續執行總編輯職務，及日軍包圍報館，指名通緝，始化裝出走，挈眷混於難民潮中，經蘇、皖、贛、鄂輾轉前往陪都重慶。三十一年，任中國國民黨中央黨部專門委員，旋改任秘書，負責辦理對海內外之宣傳工作，公餘至黃桷椏復旦大學兼課，著有《上海報人之奮鬥》一書，記日軍開入「孤島」後，上海新聞界人士與敵偽搏鬥之種種經過。

三十四年八月，抗戰勝利。三十五年初，離渝返滬，任《申報》副總編輯，負責編輯部行政事宜，又主持中國旅行社發行之《旅行雜誌》，其後當選為上海市參議員。三十六年冬，當選為出席行憲第一屆國民大會代表，代表自由職業團體。三十七年三月，至南京出席國民大會；四月，大會選出蔣中正（介石）、李宗仁（德鄰）為中華民國第一任行憲正、副總統。

三十八年五月，於上海淪共前三日，挈眷由滬飛臺，設辦公處於臺北重慶南路《申報》辦事處舊址，旋與范鶴言、余紀忠等合力創辦《經濟時報》，任總編輯，又將《旅行雜誌》繼續出版，後以題材範圍有限，出至第二十四卷第三期停刊。三十九年四月十五日，在臺北創刊月刊《自由談》雜誌，任發行人，「以山水・人物・思想」為中心題材，刊名顯然取自原《申報》副刊之一之〈自由談〉，藉以表示不忘大陸舊業之至意，創刊號自編輯到發行，全由創辦人一手操持，章君穀為其助理。其後長期延姚朋任執行編輯、主編，姚朋辭職後由續伯雄主持編務；五月，膺臺灣省政府（主席吳國楨）之聘，任臺灣「新生報社」副社長兼總經理（社長謝然之），上任後殫智竭慮，經營策劃，首自修訂規章制度，與激發同人新觀念入手；十月二十五日，值臺灣省光復五週年，編印《光復紀念特刊》，一舉而為報社爭攬廣告三十餘萬元，財政基礎漸次奠立，自此《新生報》編輯與業務並重，發行與廣告爭先，不數年間，由虧而盈，發行、廣告收入激增，於是建大廈、購新機器，業務大為擴展，基礎日益鞏固。四十一年六月，率領「中國新聞界訪問團」訪問菲律賓，此行順道為報社發展該地之發行、廣告業務。四十三年三月，出席第一屆國民大會第二次會議，蔣中正、陳誠（辭修）分別當選為中華民國第二任正、副總統；十一月，光復大陸設計研究委員會成立，由副總統陳誠任主任委員，後奉委為委員。四十六年，由是年起，於三年內先是應邀訪問日本、越南、香港，嘗於謝然之任教美國南加州大學一年期間，任《新生報》代理社長，公餘兼任世界新專、中國文化學院（中國文化大學前身）等校教授。四十九年二月，出席第一屆國民大會第三次會議；四月，大會選出蔣中正、陳誠為中華民國第三任正、副總統；同年應美國國務院（國務卿赫特）之邀，赴美考察三個月，遊美途中受洗為基督徒，又以所見所聞為《新生報》撰寫通訊稿件，歸途順道往遊歐洲各國。

五十年，年六十，一月，出版遊記《東說西》；六月，《新生報》改制，「新生報業公司」成立，由謝然之任董事長，王民繼任《新生報》社長，趙君豪調任南部版「新聞報社」首任社長，於辭去總社總經理兼職後，偕夫人南下高雄履新；八月（阮毅成

〈悼老友君豪兄〉誤作五十一年夏季），出席以文化、教育、科學問題為主之「陽明山第二次會談」。五十一年，淩鴻勛應《自由談》之請，連載《七十自述》，歷時年餘，共十二萬言。五十三年春，因家務羈絆，請辭「新聞報社」社長職務（任內《新聞報》銷量與廣告激增，以盈餘興建新大樓、新宿舍），總社准予所請，由侯斌彥繼任社長，任趙君豪為《新聞報》發行人，以迄去世；五月，以「誼列門牆，義弗敢辭」，敬撰淩著《七十自述》序於臺北；十一月，值阮毅成花甲之慶，親自將摯友歷年為《自由談》所寫之遊記，彙刊為《東南西北》一書（「自由談雜誌社」版，列為「自由談叢書」之一）以祝。五十四年十一月十二日，值國父百年誕辰，同月「中山學術文化基金」董事會成立，由王雲五任董事長，阮毅成任總幹事，以阮毅成之薦，任獎助組組長。五十五年二月，出席第一屆國民大會第四次會議；三月，大會選舉蔣中正連任第四任總統，嚴家淦（靜波）為第四任副總統；八月，以左臂痠痛，入臺北榮民總醫院診治，醫者斷為肺癌，只有三個月壽命，家人於絕望之餘，以鉅金延中醫趙峰樵「包醫」，醫生保證病人「十月十日可以自行到花園散步，三個月後癌去病除」；十一月六日清晨七時零五分，因肺癌在臺北市寓所去世，年六十五歲，十一日，舉行公祭，總統蔣公頒題「讜論流徽」輓額一方，同日暫厝陽明山第一公墓殯舍，由冷欣任安靈祭主祭，二十日，假臺北市新生南路基督教浸信會「懷恩堂」舉行追思禮拜，由張繼忠牧師主持；十二月一日，《自由談》月刊第十七卷第十二期彙刊謝然之、趙吳靜波、阮毅成、淩鴻勛等十六人之紀念文章為悼。

目次

馬　相　伯

馬相伯（1840-1939），原名志德，後改名良，江蘇丹陽人。是近代著名的教育家、政治活動家，亦為天主教耶穌會神父，以及震旦學院、復旦公學的創始人。1862年耶穌會在上海徐家匯設立初學院，22歲的馬相伯入耶穌會，攻哲學及神學。1869年，獲得神學博士，並晉升為神父。1881年任駐日使館參贊。1892年他再度赴日本先後任長崎、橫濱等地領事及駐日使館參贊。1903年，於徐家匯創辦震旦學院（後改名震旦大學）。這是中國第一所私立大學，馬相伯擔任監院（校長）。1905年在吳淞另創復旦公學（即復旦大學前身），為首任校長。民國元年十月，代理北京大學校長。1931年九一八事變後，年逾九十的他投身救亡運動，1936年與宋慶齡、何香凝等當選為全國各界救國聯合會執行委員，時年已96歲，仍發表文章與演講，勉勵同胞共赴國難，人稱「愛國老人」。1939年11月4日，在越南諒山病逝，虛歲一百歲。

一、馬相伯先生訪問

孫恩霖

耶誕前三日，本誌主編趙君豪君，友人金華亭君，及不佞三人同作徐家匯之遊。趙君與余，遊徐家匯者已屢，對其地之教堂，天文台，修道院，及學校等，類能熟道之；而金君則以事屬創舉，攜攝影箱以俱，今文中之插圖，咸出自渠手者也。

是日天氣晴朗，陽光普照，車出西郊，精神為之一爽。余輩於役報界，俾晝作夜，久與晨光無緣，故雖時已晌午，猶覺嫵媚可戀，物以希為貴，時間亦何獨不然耶。

車入貝當路，徐家匯天主堂之雙塔尖已遙遙在望。車行愈速，兩峯之高峙，亦愈顯突，及至塔影杳滅，忽見人影幢幢，市聲浮喧，蓋已達徐家匯鎮矣。再進一步，但覺肅穆清靜，景象迥異，教堂鐘聲，繚繞耳際，回首窗外，車已掠新堂（即雙塔尖之天主堂，土著或呼之為新堂。）而過。金君方欲有言，車已戛然而止。

余儕此來目的，在訪馬相伯老先生，故逕在土山灣下車，教堂區內之其他場所無暇一遊也。不佞於二十年冬曾來此地，與相老人作半日談，故以嚮導自居。老人住於孤兒院宿舍樓上，屋面南，甚高敞，而地至清幽，又似與塵寰隔絕者。余以舊地重遊，亦不煩通報，逕赴先生之居。

馬老先生雖年登耄期，仍喜樓居，其室位於三樓。余以事隔數載，乃不能盡憶其地。及達二樓，闃焉無人，相將而下。維時余等三人，靴聲橐橐，已突破此清寂之空氣。所幸附近為聾啞學生教室，或不以余等之足音為可厭也。

既返底層，穿越長廊，仍無問訊之處，方欲折回，而遇萬君。告以意，萬君曰：「馬相伯先生仍寓此樓，君等可乘電梯登臨也。」且言且前導而行，並曰：「老先生年事日高，且屆節令，（冬至）身體需要休養，恐其不耐煩劇。容先走告，請君等略待如何？」趙君當告以此來係專誠拜訪，並叩老先生起居，除略作談話外，當不至累及老人也。萬君乃持余等之名刺，先行登樓。余私忖，豈相老人因春秋已盛，精神不如昔日耶？

俄而萬君下，謂：「老先生請諸君登樓。」余等聞言深喜，相將步入昇降機，機室殊窄，連萬君四人，乃無迴旋之餘地。蓋此機專為馬老先生而設，若以余儕之壯年，自以步陟為得，今以此為代步，未免有愧耳。

既抵三樓，出昇降機不數步，即為先生居室。門障綠色鐵紗，長扉及地，為狀一如余三年前所見也。萬君導余儕入，則見馬老先生方倚靠壁之沙發坐。其前環置三椅，上設錦墊，此蓋特為余等三人而設。相老待客之殷，彌可感已。

老人見余等入，欠身為禮，手持名刺，一一呼其名而端詳之。時先生未戴眼鏡，道姓名均無誤。以九五之年，而目力尚明銳如是，乃知其精力瀰漫，誠有過人之處。老人首呼金君之名，且曰：「君其華亭人耶？」金君笑曰：「否，余嚴州人也。」繼及趙君，亦詢以籍貫。最後及余，曰：「君之姓名頗熟，似曾相見者，非耶？」余答：「誠然，二十年冬，曾來此與先生晤談也。」老人春秋雖高，而記憶力之強如是，群相嘆異。

馬相伯先生為我國思想家先輩，博學多能，閱歷又深，既接談，所言均具至理。益以笑語風生，詼諧多趣，更令人聞而忘倦。惟余等以先生年高，恐不耐久坐，乃只就旅行範圍，請述其經過及印象而已。先生口講指劃，樂趣津津。述及六十年前之旅行生活，南轅北轍，令人神往。余等生也晚，未能目睹當時情景，然得先生言，依稀置身於咸光之

馬相伯先生談話時之姿態

年，思古幽情，油然而生。先生又言，當時聲光化電之學，為用未倡，雖歐美各國已有汽舟火車之發明，而製作簡陋，難以致遠任重，以昔視今，具體而微。但西人不殫竭其精力，研究改良，旅行工具，日新而月異，舟車而外，益以飛艇。科學愈進步，人類之交通亦愈便捷。回顧吾國，處處落人之後，豈僅交通而已！老人之言，誠足發人深省矣。

不佞當詢馬老先生於何年來滬，當時之情景又若何？馬先生謂：「是年為一八五一年，即清咸豐元年。時為冬季，川河凍結，舟行殊緩，計自鎮到滬，費時十日又餘。」相老人原籍丹徒，故其來申必以舟行也。繼又言：「當時無定期之班船。余無法，乃獨僱一舟，君等試思，此非豪舉耶？」言下大笑不已，余等亦為之莞爾。

相老人乃又描摹當時滬濱之荒涼情形，聞之如同隔世。方之今日之租界，盛衰懸殊，不可同年而語，然上海之得以繁榮，無一而非外人之力，無怪老人亦為之感喟不已也。

相伯先生言，我人如作旅行，無論所往何地，第一必須通曉其方言，始獲賓至如歸之樂。因言，渠當初次離鄉來滬時，誠所謂「一句話也不懂」，即非交際酬酢，晏居生活，亦大感言語隔閡之痛苦。若遠遊海外，觀光異國，更無論已。蓋採風問俗，表示思想，無一不藉此以為媒介，若徒依舌人為之翻譯，必難洞中肯綮，甚至以訛傳訛，致成話柄。因述及言語對於旅行之重要關係，相老人乃又申言一人之氣度儀表，亦為與人交際之關鍵，而於外人之晉接，異國之旅行時，為更重要。

馬老先生於清光緒五、六年之交，往遊日本，後五年而遊歐美。據稱當時外人對華，尚存尊敬之心。華人雖言語服裝迥異彼邦，而接待之間，了無輕侮之意。及甲午、庚子之後，國勢凌夷，積弱難復，洋人目光為之一變，嗣後則每況而愈下矣。

相老人談至此，述當時清廷辦理外交之方式及經過，言簡意賅，深切有味。對於內幕情形剖析無遺。先生其時在李合肥幕下佐理洋務，一八八五年赴美接洽借款，開發中國經濟。後以遭朝臣反對未果，乃繞道作歐遊而歸。先生言：「李鴻章辦海軍，四百萬，一文不文。」蓋亦深感乎大事之不易為也。但李之為人，極富自尊心，當其出使外國時，氣度儀表，均能中節。是為難能。方之徒以諂媚為能事者，自不可以道里計。並稱：「李中堂記性極好，外人亦為之折服。所惜未念過外國書，世界知識未免欠缺耳。」其後乃詳述奉命赴美，接洽借款之經過，其事至有趣也。

據馬老先生稱，其時赴美，係奉李中堂之命，前往向銀行家商洽借款。當時合肥頗有引用外資，開發實業之雄心。故擬以借到之款開礦及辦理機器廠，並為調濟金融計，先辦一規模較大之銀行。馬老先生既抵紐約，即宴請二十四家銀行之經理，商洽借款事。乃其結果殊屬出人意料，先生且笑且言曰：「美國人錢真多，那時候我們只要借五千萬美金，可是他們要借給吾們五萬萬。後來沒有法子解決，去請示中堂，覆電仍舊只要原數——五千萬。這樣的說到至再至三，結果商定借用三萬萬五千萬。拿三萬萬作為存款，利錢真便宜，只要三厘。總之，那時候中國要怎樣辦，他們是都可答應的。」

余等聆至此，均異之，亟叩先生以最後之用途如何。相老撚鬚笑曰：「不要說起，我為了這件事，還擔了『賣國』的惡名聲。那時候朝廷裏有八十一個御史都上彈章參我，這件事就此作罷。我便兜了個大圈子，繞道歐洲回來。」先生又言美人對華之感情，向頗不惡。當時中法交鬨，法人在滬，擬奪招商局為己有。時先生之介弟馬眉叔與美人商，得於三日前懸美國旗，以避法人之鋒，可見當時感情融洽之一斑。無怪美人更願以鉅款相假也。

關於遊歷歐美之情形，及途中見聞，馬老先生亦言之綦詳。其時去今已五十餘年，美之華盛頓公園，方著手建築也。並云火車已有，且較歐洲為佳，可隨行打水，不必停車。至電車則尚未之見。又往費拉特爾費亞時，在舊金山，見有華僑甚多，惜多係勞力，不若今之有鉅商富賈也。其時費城有盛大之歷史古裝遊行會。回首前塵不勝緬思云。

馬相伯先生歷充日本及高麗公使館參贊，對於扶桑情形，固極熟悉，而其時公使則為黎純齋也。據先生之意，日人之交通工具，幾無一而不倣效歐美。故先生有日本為學生，歐美為老師之妙論。至當時西人之視日本，更極鄙夷，竟謂日本為三「沒有」之國。即：一，男無信義，二，女無廉恥，三，花無香味是也。茲者此蕞爾島國，竟趾高氣揚，睥睨世界，當亦非白人始料所及矣。先生為遜清外交界前輩，當其服官朝鮮時，曾攜唐少川、梁正棟往韓海關，任洋文抄寫之職。唐等係李合肥遣美之第一批留學生，時方一八七二年也。

先生更為余等述同光間朝野事，歷歷如繪，樂而忘倦。金君在旁攝取一影，以為紀念。讀者睹此，當知此九六老人，精神矍鑠，迥非虛語矣。余察先生之面，光潤煥發，絕無龍鍾之態。而慈祥之容，襯以銀鬚皓髮，益覺飄逸出塵。其最足令人注意者，則為先生之鼻，隆準如蒜，狀若懸胆，洵異徵也！此時滿室陽光，地無纖塵，老人談笑自若，和煦如春。冬日可愛，證之相老而益信。茲更記同人與先生之問答如次。

趙君問：「先生壯遊萬里，足跡遍歐陸，其視旅行與人生之意義究若何？」

先生答：「我是一個哲學家，什麼也不覺得希奇，最大的金鋼鑽，看見了還不是什麼一回事。不過旅行能增長見識，是確切不移的。」愚意先生篤信宗教，視世界如傳舍，宜有此不刊之論。但先生壯年遠遊，得風氣之先，其堅毅之信心，寬博之胸襟，要亦得力於見多識廣也。

金君問：「先生篤信宗教，道德超邁，人生之意義，可得聞歟？」

先生答：「做人是暫時的，好壞，決不能就此拉到。凡事總要照造物主的意思做去。譬如人要勤勞，才能活命；人要互愛，才能生存。書上說：天降下民，天生則民，也是這個意思。從前唐明皇與楊貴妃，那樣卿卿我我，說什麼在天願作比翼鳥，在水化為比目魚，無非是要到得『永』愛罷了。」愚按相老嘗言：「我對於宗教有了堅決的信仰，對於科學才發生特殊的興趣……」蓋宇宙之間林林總總，四時有序，萬物化生，無非上帝主宰之云爾。

最後余儕叩相老以長生之法。先生謂：「余別無養生之法，惟自知不浪費精神耳。」先生雖年將屆百，每日起居有時，飲食有節。晨四時半左右起身，祈禱讀經，視為常課，晚九時即臥，或日中略作午睡。餐時除牛乳、雞蛋、麵包等消化之物外，別無滋養之品，且所食亦甚微，足夠一日之營養而已。三年前，先生謂余：「年輕人須注意三點：一不浪費精神，二少吃東西，三早起早眠。」今天先生精神之佳，一如往昔，其得力於此養生三訣，顯然可見。至早起之習慣，前據先生謂，係自小養成者。其時先生方齠齡，昧爽太夫人即詔之起，念經讀書，一日不輟。今先生雖年邁，仍習之不以為苦，誠可謂數十年如一日者矣。又憶先生之尊人壽七十五歲，太夫人八十九歲；先生之姊氏九十三歲而去世，一門長壽，亦佳話也。

先生每日讀書之時間，亘七八小時。且抽暇著作，考據群典，好學不倦，令人奮發。余等就視書桌，見稿箋盈尺，墨跡猶濇。趙君乃伸紙央老人作書，老人欣然揮毫，為書「旅行講座」四字，金君乘間更攝一影，以誌不忘。先生今年係九十五歲，趙君以本誌九卷第一號將於廿四年一月元旦發行。乃請先生易五為六，先生笑曰：「我就預支一歲罷！」余謂：「先生即預支百齡，又奚疑哉！」相予大笑不已。

馬相伯先生為《旅行雜誌》寫「旅行講座」

蔡　元　培

蔡元培（1868-1940），字鶴卿，又字孑民，浙江紹興人，近代革命家、政治家、教育家。清光緒十八年（1892）中進士，授翰林院庶吉士。光緒三十年秋，光復會成立，當選會長。光緒三十一年加入同盟會。光緒三十四年入德國萊比錫大學，研究哲學、文學、人類學、實驗心理學及美學等。民國元年出任教育總長。1916年至1927年任北京大學校長，革新北大，持兼容並包、思想自由宗旨，為北大創下學術自由之風，影響深遠；1920年至1930年，蔡元培同時兼任中法大學校長。北伐時期，國民政府奠都南京後，他主持教育行政委員會、籌設中華民國大學院及中央研究院，主導教育及學術體制改革。1928年至1940年專任中央研究院院長，貫徹對學術研究的主張。1940年病逝於香港，葬於香港華人永遠墳場。

二、蔡元培（孑民）先生訪問記

今年旅行雜誌添闢了「旅行講座」一欄，重要目的，是訪問時賢，徵求對於旅行上的一般意見。在新年特大號中，我們已經訪問過年高德劭的馬相伯先生，這一期，我預先決定訪問蔡孑民先生。

每次想起蔡先生，我便想到北平的西山；同時我每次回想北平的往日遊蹤，也一定想到蔡先生。

這是民國十一年的夏天——離開現在十三年了——我出了學校的大門，便一直到北平去。那時候，北平的情形好極了，市面著實繁榮，人口也非常的多，可以說是北平的黃金時代。我每天都到中央公園去消閒，與致很好，一住便住下了兩個月。

因為不想離開北平，便想找相當的工作去做。得到友人的介紹，便去訪問蔡孑民先生。那時候，蔡先生住在背陰胡同。我還記得蔡先生的住宅：是靜悄悄的，院中有很大的樹，——好像是槐樹——我們第一次見面，是在面北的一間客廳裏。蔡先生那時候還是擔任大學校長，經過了幾次的晤談，蔡先生對於我的感想很好，預備叫我到大學裏去

蔡孑民先生近影

擔任一些工作。

有一天，蔡先生到西山去了，恰巧有事，我們便約定在西山相晤。在一個夏天的早晨，我坐車到西直門，出了城，便僱著一匹驢子，一直趕到香山。沿途風景好極了，尤其是夏天的早晨，過了海淀，可以遠望萬壽山的峯巒，沿途的樹木，是非常茂美的。

蔡先生住在香山甘露旅館對門，我在當日午後便去相晤了。那時候在座的我記得還有湯爾和先生。我們談了很久才歡然握別。我在香山遊覽了兩天，到第二天晚上進城。

後來，很辜負蔡先生的好意，我在暑假中因為有另外的工作回南了。

好像是民國十二年的秋天，蔡先生又到歐洲去。我們在上海又見面一次，我並且到輪埠去送別。

以上是我和蔡先生的認識，這十幾年來，我因為生活的驅策，一天有十二小時以上工作，對於訪晤蔡先生的機會是少極了。但是，北平哪，西山哪，很多次數和蔡先生晤面，在腦筋中佔了不能磨滅的一頁。

這一次要去訪問蔡先生，便先去了一封信。

蔡先生很高興，第二天便有回信，約我去談談。

在前天的早晨，我驅車到白利南路，進了國立中央研究院的大門，馳過了短短的馬路，車停在第一進房子前。我推進了門，坐在會客室裏等待著。

蔡先生的精神，老是很好的，笑容可掬的我們握著手。

「我們好多年不見了。」蔡先生笑著說。

「是的。」我很欣然地答覆。

於是我們便坐下來談話。

「先生向來對於旅行的興趣如何？」在開始談話時，我便這樣的問。

蔡孑民先生又一影

「很歡喜的，因為旅行，可以看到自然的美，還有各地許多特別的情形，能夠在旅行中知道的。」蔡先生很高興地說。

「先生第一次出外旅行的情形怎樣？」

「那時是到杭州去考試，我第一次出外旅行，當然是杭州了。從紹興到杭州，是坐一種櫓船，紹興人稱為烏篷船，總是夜裏動身上船，第二天早上到西興，過江就是杭州。在那個時候，新市場還是旗營，我們去遊西湖，是從湧金門外下船，現在大不相同了。」

「先生不是去歐洲好幾回麼？對於歐洲的旅行，感想怎麼樣？」

「是的，我去歐洲，先後五次。其中在德國躭擱的光陰最久，先後計算起來，共有五年。在法國，差不多先後也有三年。在歐洲，旅行是很方便的，以我個人的感想，尤其是在德國。在大戰以前，我們在德國往來很自由，不要護照，簡直和德國人一樣。那時是在歐洲大學聽講的，到了暑假，便去德國名勝的地方遊歷，有時到瑞士去，瑞士的山水，是足以使人流戀的，因為語言通，交通便，所以瑞士時常有我的足跡。」

「先生旅行歐洲，最歡喜那幾個地方呢？」

「第一當然推瑞士了。瑞士的確可愛，自然風景很好，設備很方便，瑞士的人又很和平。瑞士的人，對有色人種，並不注意，一樣看待，一樣親愛，所以到端士去遊歷，總覺得很舒服。除了瑞士以外，還有法國南方及意大利邊境一帶像麗士，蒙脫利愛，一直往南去，我都非常歡喜。因為這些地方都是向陽的，海水是青天，所謂碧海青天，的確不錯。在這許多地方去旅行，身心都感覺到非常愉快。還有一點，我覺到越是冷的地方越是清潔，如荷蘭以北的丹麥，瑞典，挪威這幾個國家，氣候愈冷，他們愈注意清潔；至於氣候熱的地方，就大不相同了，甚至於愈熱愈差，對於清潔，比較冷的地方，就相去得遠了。」

說到此處，先生又長談下去：

「我在旅行的時候，除遊覽名勝而外，對於有美術館的城市，格外注意，如德國的München——這個地名在英文好像讀Munick，——意大利的Rome，Florence，還有法國的巴黎，在每一個有美術館的地方，我總是很細心地去看的。總括的說，我向來旅行，很注意三點：第一是看一種不同的自然美；第二研究古代的建築；第三，是注意博物院的美術品。」

我又問：「先生，在中國，歡喜些什麼地方呢？」

「很慚愧在中國走路並沒有在外國那樣的多。」先生謙虛的說。

先生又繼續告訴我：「可是我很愛西湖，富春江真可愛，我還流戀北平的西山，現在看看太湖。西湖有許多地方可以比瑞士。但是拿瑞士比西湖，西湖是太小了。如果要比瑞士的話，應該拿西湖的全部，連太湖，天台，雁蕩這許多地方合起來，才可以和瑞士比較。」

「旅行是奢侈的，是要舒適的，關於坐火車，坐輪船，住旅館，總要求其華美罷！先生對於這一點，有什麼見教？」我很猶疑地問。

先生笑了，繼續說道：

「假使經濟寬裕的話，當然囉，不妨這樣辦。依我的意見，就是舟車和旅館不舒適，我相信旅行所得到的快樂，也可以抵償的。」

「北平現在不是辦遊覽區麼？先生的意見如何？」

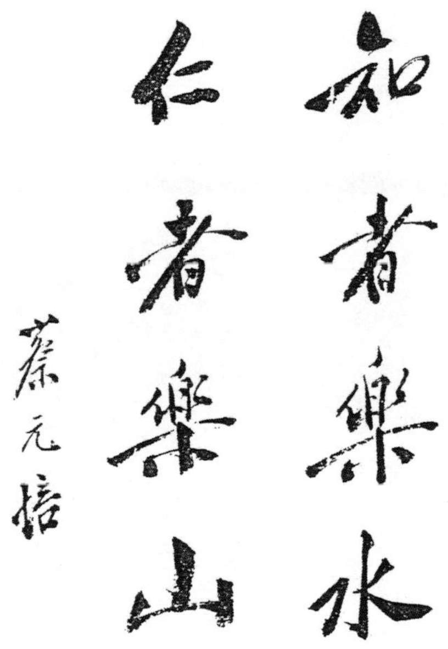

蔡孑民先生為《旅行雜誌》題字

「那是很好的。北平遊覽的去處有兩種：一種是郊外的風景，一種是城裏的古代建築，還有許多美術品，假使交通和旅館辦得好一點，一定可以吸引許多遊客的。」

「招致外國遊客，對於中國的認識，當然清楚一些；但是，可以提高中國在國際的地位麼？」

「提高國際地位麼？我的看法，不是這樣。但是，總可以引起一點好感覺，不過不十分大。」

「先生對於中國的避暑區認為哪一個地方頂好？」

「還是青島好。廬山我去過的，廬山是不錯，但是那裏有山，沒有海；在山上看鄱陽湖，太渺小了。北戴河我也曾去過，可是北戴河有了海，又沒有雄偉的山，總覺得不十分好。青島的好處，是有山有海。青島又是一個都市，有山水的樂趣，又有都市的方便，這是其他避暑的地方不能比較的。另外，青島還有大學，到圖書館去參考，也是很方便的。」

「關於遊記這一類的書，先生大概看得很多的，但是印象最深的，內容最切於實用的，是哪幾種呢？」

「是的，遊記一類的書，……我想《水經注》雖不是遊記，但是可以看；書中有許多地方可以增進旅行的智識。另外要算徐霞客的遊記了。不過霞客的遊記，實際上可以供我們參考，並不是一種文藝的作品。」

「先生最近還想到外國去遊歷一趟麼？」

「是的，還想去一趟。」先生很高興地說。

先生又繼續告訴我：「我雖然到歐洲去了五次，但是有兩次是固定的，住在一個地方，遊歷的機會很少。有一年是專誠出國去遊覽的，走的地方很不少，但是西班牙，葡萄牙，及巴爾幹半島，還不會去過，我想終久要彌此缺憾的。」

「先生到過美洲麼？」

「哦，美洲去過兩次，黃石公園 Yellow Stone Park 和尼加拉大瀑布 Niagra Falls 都去看過，各國都有不同的白然美。」

談話至此，我要問的話差不多完了，於是乎請蔡先生攝了兩個影，便是登在這裏的照片。

在握別的時候，先生又問：「《旅行雜誌》出版了好多年？」

「今年是第九年了。」

先生笑道：「好的，希望你發揚光大下去。」

我們互相握手著，便歡然道別。

※

我出了房子，日光是普照著，國立中央研究院是向陽的，我便悠然想到法國麗士的碧海青天。

葉　恭　綽

葉恭綽（1881-1968），字玉甫，又字譽虎，號遐庵，廣東番禺人。書畫家、收藏家、政治活動家。交通系成員之一。出身書香門第，祖父葉衍蘭（蘭台）金石、書、畫均聞名於當時。葉恭綽早年畢業於京師大學堂仕學館，後留學日本。留日時加入同盟會。清末任交通部承政廳長兼鐵路總局長。民國後，曾任北洋政府交通總長、廣州國民政府財政部長、南京國民政府鐵道部長。1927年出任北京大學國學館館長。中共建國後，曾任中央文史館副館長。第二屆全國政協常委。葉恭綽生平於藝術、書畫、詩詞、文物鑒藏無不精通。他花了大量財力，收藏稀世珍寶，如西周毛公鼎、晉王羲之《曹娥碑》、晉王獻之《鴨頭丸帖》、清初張純修《楝亭夜話圖》等；收藏了大量鄉鎮專志、清人詞集、清人傳記、名僧翰墨、文物圖錄，如清人詞集有5000餘種，《全清詞鈔》有3196家。其侄子是學者兼外交家的葉公超。

三、葉恭綽（玉甫）先生訪問記

葉玉甫先生是愛護本誌最力的一位，也是我最私淑的一人，這幾年來，替我們寫了許多文章；題了許多字，想一般讀者和我一樣感慰的。在不久以前，聽說先生是病了，當時很想去問候，但因為事情忙，終於擱下來，不曾能夠去，心裏非常抱愧！這一回，為《旅行雜誌》寫旅行講座，抽出一個清晨，去訪候先生；承先生病後接見，作長時間的談話，我心裏萬分不安，但是，為讀者得到豐富的收穫，到現在寫稿時，覺得非常的歡愉！

※

每次到先生家裏，總使得我一顆心寧靜下來，因為我看到許多書籍，許多塑像，許多古銅香爐，不覺得油然而生一種恬淡的心情。這天早上，是一個陰天，屋裏生著火，空氣格外的靜穆；但是窗外長廊上供著三五盆盆景，我覺到有無限的生機。

先生是很富於情感的，雖然不很說笑，但是一種誠摯的態度，會在說話的時候流露出來的。

「好久不見哪。」先生推進門笑著。

「是的，先生恢復健康麼？」我很驚訝著先生清減了許多。

「病是可算全好了，醫生說還要休養些時候。」

「今天有許多關於旅行的問題，要來請教的。」

「好的，請坐下慢慢地談罷！提起旅行，怎樣說呢？還是請你隨便問，我想得到的，就隨便說一點。」

我們便坐下了。

我第一個問題是：「先生第一次出門，是在什麼時候？那時旅行情景怎樣呢？」

「我是十二歲的時候，從廣東到北平的。那個時候，先由廣東到上海，然後到天津，都有輪船的。天津到北平，還沒有鐵路，我是坐騾車從天津到北平，經過通州，一共就走了三天。天津到北平，沿路的客棧，非常簡陋，但是拿別的內地來比較，已經好一點。最可笑的那時客棧裏所用的蠟燭台，是拿一片蘿蔔做的。隨後我又從北平到江西，在江西到過的地方很多大概是坐船，沒有新式交通器具，坐過沒有篷的小划子，二把手的小車……」

「二把手的小車怎樣呢？」

「和普通的一樣，就是一輪明月呀！」

我聽見笑了，這實在是形容小車的美妙詞句。

「我第一次由南昌至九江，」先生繼續說：「住在鄉下人家，睡到夜半，忽然醒來，看見滿房間都是白的，當時很詫怪，坐起來一看，原來是下雪了。江西人蓋房子，在那時候是不用石灰的，所以雨雪都能滲進來。此外我很能走路，有一次到貴溪縣去，因為要趕路，一天就走了八十里路。」

「旅行可以增長學問，差不多是老生常談了，先生的見解怎樣？」

「學問智識的材料，滿地皆是，如果看得多，就是積蓄得多。將來用起來可以取得多。不過會取不會取，須看各人的能力如何。旅行是增加智識機會的一件事情，我的見解是這樣的。說到我自己，我所到的地方，先看下級社會，因為下級社會是顯露的，沒有隱藏的；高級社會的生活，並不是看，是不容易看，一切生活，無限止的藏在裏面的。如果如先從下層看起，就可以得到上層的反映；所謂看正面不如看反面。至於山川形勢出產和社會上各種形態，我也細細的研究。可惜在中國，旅行是一困難問題，不但交通不方便，並且要花許多錢，經濟旅行現在還沒有，最好使得一般人每年均有一次經濟旅行，不但是增長智識，而且可以調節身心。」

「先生在北平很久啦；請說一點關於北平。」

「北平所以優勝，因為有幾個原因：第一是天氣，除陽曆四、五月風沙較多以外，其餘都好。第二是遊賞的地方，和節候差不多排得很均勻。現在有一件事是大家不十分注意的，可以告訴你，就是北平是一個水鄉。」

「這話怎樣說呢？」我很奇異了。

先生說：「你好像覺得很可怪罷！其實不是奇異的事，北平實在可以做成一個水鄉，近來管理都市及遊覽的人，都不很注意的。因為拿元，明，清，可考的痕跡來說，北海十剎海的再北，還有靜業湖，西城有太平湖，內城外的梁家園，韓家潭都是河，城外的昆明湖，釣魚台，南河泡，和玉泉山的泉水等本來都是同源的；至於北山、西山的水，發源於昌平縣，由東流到運河。可惜多少年來變成污河，或夷為陸地了，同時水源也很缺乏，所以整個的北平，成了一種乾燥的氣象。」

「先生，倘使要整理一下，使得北平成一個水鄉，花費很可觀罷？」我很猶疑地問著。

「如果有全盤的計畫，恐怕所費也不過二、三十萬元罷！可以將整個的北平，做得比西湖還要好。北平還有無數的河——不但是遊覽的關係——如果拿各處河道通聯起來，貨物由船上來運輸，物價一定很便宜，民生馬上得益的。」

「北平的古跡，要什麼方法，才可以不受摧殘呢？」我又問。

「北平的古跡，當然要利用，保存，至於不受摧殘的話，就很難說了。最要緊的是不要改變原來的形狀；因為隨便改變，勢必至於將原來優美之點完全改變了。近年來北平的古跡，的確受了些摧殘，而無智識的保存，也毀了不少。中國無論什麼事情，太不尊重專家的意見，實在是很大的損失。」

「西山的風景好麼？」

「西山的風景麼？當然是可以的。北平談到風景，全在城外，不過北山到昌平一段和大覺寺，南山和周口店以及房山等等都比西山好，因為交通不很方便，去的人不多，所以倒比較湮沒了。北山和南山，你或許也不曾到過的。」

我笑道：「真的，是沒有去過。現在我要問，桂林的山水，到底有什麼意思？」

「桂林沒有很大的山，山雖多而不相連貫的。有人說黃山是盆景，桂林的山，也是盆景罷！桂林的山只可以說峭而奇，不能說雄偉，並且山上的樹木和建築，也不很多的。」

「先生在國內遊賞過許多地方呢？」

「哦，我到過廣東，廣西，浙江，江蘇，江西，河南，湖北，山西，山東，東三省和內蒙古這些地方。」

「先生不是去美洲歐洲很久麼？可否告訴我那時的情形？」

「我出國是在歐洲停戰的那一年。」

「是從上海由海道去麼？」

「不，我是從朝鮮到日本在横濱上船到美國去的。」

「那時各國的情形怎樣？」

「在大戰之後，情形都不大好。我到美國後，第一個印象，是大家都很忙，無論到什麼地方，都是一樣的，沒有像中國人那樣蕭閒。我在舊金山上岸，在距離還有兩天路程的地方，所有請客的地點時候，都用無線電遞到。我上次到美國，不是有何任務，僅僅乎經過了一下，遊覽的時間不多。曾到過密歇根，訪問前交通部顧問。華盛頓，紐約也去過的，並且還看尼加拉大瀑布。其餘的時間，都花費在應酬上去了。」

「離開美國就到歐洲麼？」

「是的，從紐約上船，先到英國，由英國再到法國，再從法國到瑞士，意大利，丹麥這些國家。」

「歐洲的風景如何？」

葉玉甫先生近影

「風景當然要推瑞士，但是法國的南部的麗士，都倫這幾個地方也很好。」

「先生在歐洲考察，最感興趣的是什麼？」

「哦，我可以告訴你一些關於丹麥的情形，我對於丹麥，是比較特殊注意的。你要知道，丹麥是一個王國，在王國制度的下面，社會已經達到貧富不甚懸殊的地位；尤其是農村情景，可以說比哪一個國家都好。我曾經到過一個農村，住了三天，所有農民生活都非常清潔舒適，可以說超出中國中等人家以上。這幾年來，中國很多人恭維丹麥的農村發達與夫農村合作事業；據我看來，這些固然不錯，但是還有農業學校，非凡之有意思的。因為這些農業學校，各色各樣，是無其數的，如說養雞，有養雞的學校，取牛奶，有取牛奶的學校；其他如做乳酪，做麥粉等等，每一種就是一個學校；總而言之，學校形形色色，沒有一定的。有的時候可以祖孫三代學做乳酪，同時做學生，兩三個禮拜，就畢業了。或者母女媳三人同去學做麥粉，都沒有一定的。所以丹麥農民的技能，差不多很精，再加以合作組織的功能，農民的生活，就很舒服了。但是所以能這樣的，基礎是教育普及，丹麥不識字的人，不到十分之一。」

「丹麥的國王何以這樣好呢？」

「不，丹麥的國王，是無事可做的，每天到公園裏去舒散舒散，一切的權力，是在國民手裏的。」

葉玉甫遊乍浦海濱留影

我聽了上面一番話，我很羨慕了。關於巴黎，我又問道：「巴黎怎樣？」

「巴黎郊外的風景很好。別人都說巴黎繁華，其實巴黎人很勤儉，很講究儲蓄，所有遊樂的地方，都是吸收外國人的金錢的。」

「還到過什麼地方呢？」

「巴黎近郊的楓丹白露、維爾賽等我也曾去過。另外我有一些意見，我希望到外國去遊覽的人，應該對於各種情形應該能有一種透視而不專看表面。」

「巴黎的市政，想是很好的，先生有什麼特別感到興趣的地方麼？」

「是的，我想起一件事，我最感興趣的是巴黎的溝渠，我在溝渠下逛了兩天。」

「是麼？有這種事？先生怎樣到溝渠中去呢？」

「巴黎的溝渠的確是可以進去逛的。巴黎溝渠，有整個的計劃，有一律的尺寸，頂大的水管，還可以行舟，兩旁有路，可以行人。次一等的亦比人身高，兩旁亦能走人。最小的高一邁當（metre，公尺），闊六十生丁邁脫（centimetre，公分），和市民住宅通，人家的污水，傾入溝中，然後由小溝流進大溝；溝的盡處，還設有兩個大工廠，一個是名『克里西』，一個名『比愛物』，這兩個廠吸收全城的的污水，第一步工作，是用鐵網撈污穢的東西，第二步工作是用另一水管運輸這些污水到巴黎近郊的哥倫布，作為農田的肥料，這種辦法，固然是廢物利用，最大的好處是污水不流入河道，河水不致於髒。溝渠的上面，法國人還要利用它，是拿地面上所有的電線、自來火線，總之一切線與管一起掛在裏面，所以修理起來，也很方便，可以省無其數的金錢。」

「先生，這種建設的精神，非眼光遠大不辦呀！現在我還要問，外國風景建設，是利用天然，還是人工呢？」

「能夠保存天然的，他們極力保存天然。必不得已，才加人工；尤其是關於一切的建築，必定要求其和環境的適合。決不像中國風景地的建設，反而減少了無其數的天然之美。在中國，本來是一塊幽靜的地方，不建設還好，一建設，變成喧鬧了，實在是和風景地原則相反。譬如西湖的孤山，築了環山的汽車路，在外國是一定沒有的，外國有許多地方，甚至於標明不許汽車開進去的。至於風景區的房屋，應該另外有一種格式，力求淡靜，可惜中國人不知道，近來無論走到那裏，總發生不愉快的感想。」

「先生今天問的話太多了，實在抱歉得很！先生還想到外國去遊賞一番麼？」

「我前年就有此意，我很想到印度，到南美洲，還想到俄國，到土耳其。倘使沒有阻礙，我想遲早總是要出國一趟的。」

※

先生和我長談了兩小時，假使不是先生病後的話，我還希望問下去。像這樣有價值的談片，好像在大學裏上了兩點鐘的課。

在長廊上和先生握別，於細雨不寒的霞飛路上，驅車歸來，在車上賞玩先生為我們所題的「遊目騁懷」四個字，我一顆寧靜的心，又活躍起來，很希望能在最短期內作一歐洲之遊。

二，廿三，草於琅玕精舍

葉玉甫先生為《旅行雜誌》題字

許　世　英

許世英（1873-1964），字靜仁，安徽至德人。清末民初政治人物，曾任北洋政府國務總理。1905年清朝設立了巡警部門，他被任命為該廳行政處僉事。1911年任山西布政使。1912年袁世凱任命他為大理院院長。袁世凱死後，許世英因為地緣關係而加入了段祺瑞領導的皖系。1921年任安徽省長。1925年12月26日，任國務總理。翌年2月15日，辭國務總理。1936年他被任命為中國駐日本大使。1938年中日斷交下旗歸國。歸國後，任國民政府的全國賑災委員會主管，再度負責組織社會救濟事業。1947年任行政院政務委員兼蒙藏委員會委員長。1950年遷居台灣，被任命為總統府資政。1964年10月13日，病逝於台北，享年92歲。

四、許世英（靜仁）先生訪問記

許靜仁先生第一次和我見面是在四、五年前。記得是一個夏天，關芸農先生在霞飛路寓邸約我們敘聚，在座的有錢芥塵，余大雄，冷雋人，余空我，諸先生，我們在客廳中談了一會，許靜仁先生也來了。

經過主人的介紹，各人都很有興會的暢談一番。許先生豐神俊逸，舉止儒雅，說話也很親切有味，有時發為妙論，獲得在座的人大笑。我對於許先生的印象，經過了這一夕的聚會，是永久不會磨滅的。

※

這一回，由本社周良相先生和余大雄先生代為約定，去訪問先生，詢問一些關於旅行上的問題。先生每天午後必到黃山建設委員會駐滬辦事處去辦公的，於是乎約定到辦事處見面。這天下午，我和孫恩霖君到辦事處時，先生已久候了。

先生的神情和四、五年前一樣，簡直沒有改變，並且記憶力很好，猶記得關芸農先生家裏一夕宴會。

「先生對於旅行有興趣麼？」這是我起始的一個問題。

「我一生最歡喜旅行，認為旅行是最有興趣的事，在幼年時候，就很歡喜。我生平不能說走了多少路，但是，在國內，東面到過滿洲里，西面到過四川、陝西，南面到廣州，北面到張家口。國外我曾經到過十國。」

「先生覺得從前的交通情形怎樣？」

「我覺得從前的交通情形，是非常不便當，哪有現在這樣的痛快。我總認為要國家的開發，應該儘量的從交通上著想。我三十歲時，在北平辦警察，我深覺到交通的重要，於是乎將外城改成馬路，這句話，離開現在三十年了。」

「先生從家鄉出外旅行，便到北平麼？」

「是的，第一次便是到北平。我是從上海坐船到天津的。那時天津到北平的火車，只能坐到馬家埠；由馬家埠下來還要坐騾車，才能到北平。你要知道坐騾車是一件不容易的事，也要有相當技術的。」

「坐騾車有怎麼技術呢？」我好笑了。

「坐騾車是要會坐的，不會坐，便要東碰西撞，兩邊要流血的。所謂技術，是坐騾車的經驗。我到北平坐在騾車上，受了很大的痛苦，那時就發生一種感想：我想倘使我能有行政權，我便首先剷除這條路。後來到前清光緒三十一年，我將外城改為馬路，我的志願，終算達到目的了。就是到現在，北平外城的馬路，不過較從前增寬些，並未增加過一條。」

「先生生平最歡喜些什麼地方呢？」

「第一是說北方，北平的名勝，在歷史上是很有價值的。第二我覺得四川好；因為四川這個地方，不但是風景好，而且是天險；如巴峽，巫峽，瞿塘，劍閣，成都的美麗，此所謂天府雄國也。」

先生說到此處，對於四川，很贊美一番。

「第三要說東三省，雖然是近於寒地，但是吉林的松花江一帶，完全是江南的風景。」先生繼續說。

我又問：「還有些好地方麼？」

「有，是熱河。熱河是避暑的行宮，尤其是特別。熱河的行宮，建築非常美麗。有印度式的古廟四所，建築很雄壯。其餘一切的佈置和格局，有小北平頤和園的樣子。」

「先生到外國的情形，我很想寫一點，能詳細指教麼？」

「當然的。我是一九一〇年出國的。那個時候是考察司法，是到華盛頓開萬國監獄

許靜仁先生為《旅行雜誌》題字

會議。我是從西北利亞去的；我還記得從北平到莫斯科，路上走了十四天。莫斯科是很偉大的，不但繁華，並且氣派很大。後來我又到聖彼得堡——就是現在的列寧格勒——也覺得氣勢很雄偉的。俄國的建築和中國的建築，作風雖然不同，但是各有各的好處。俄國遊歷過了，我就坐火車到柏林，在柏林住了將近三個月。柏林這個京城，好像是個學校城，因為是最高學府的所在。我對於柏林的感想，是整齊樸實。日耳曼民族很有不可侮的樣子。」

「先生，從柏林是上羅馬嗎？」

「是的，意大利是一個古色古香的新國家，是新國家代表舊歷史文明的。」

「那時意大利的地下城發現了嗎？」

「發現了。但是我沒有去遊歷過。」

「從意大利還到哪幾個國家呢？」

「由羅馬到奧京維也納住的日子不久，所以感想很少。不過我曾經遊過多惱河，發生一點很奇怪的感想。因為『多惱』這兩個字，是中國譯音的。這條河，我想一定『多愁多惱』，好像中國的莫愁湖一樣的；恐怕多惱河一定多事的。」

我聽見了很好笑，但是許先生的見解，的確是有理由的。

許先生繼續說：「後來意，匈，奧，果然生出許多煩惱來。多惱河的風景，好像中國的揚子江。」

「還遊歷些什麼地方呢？」

「由此就到瑞士、日內瓦。瑞士我無以名之，名之曰世界的公園，無論什麼人到了這個地方，都心平氣和了；一切的愁怨和不和平的思想都沒有了；都消滅了。瑞士遊覽過了，我就到了巴黎。巴黎繁華得很。所有博物館，美術館，我都去看過。還有香水梨西公園，風景

許靜仁先生的近影

很好，裏邊還有中國的亭子，恐怕是賽會時沒有拆回的。亭子上還有中國對聯，上面寫的是：

於此間得少佳趣，

亦足以暢敘幽情。」

「先生這是很有趣的事了。」

「是的，我當時見了也很高興。後來我到比利時的京城布魯賽爾，比國是一個小而富強的國家。在比國躭擱不久，就到荷蘭的京城海牙。荷蘭的京城很幽美的；尤其是海濱浴場，拿我生平所看見的浴場來說，這是第一了。荷蘭是一個與水爭利的國家，所以水利專家也比較多一點。」

談到此處，先生問我：「您到過倫敦麼？」

「很慚愧！沒有去過，倫敦怎樣呢？」

「我從海牙渡海到倫敦，我知倫敦是多霧的，上了岸，就覺到濃霧瀰漫天地。但是多霧，也是倫敦的好處，因為霧是海裏的熱潮。我對於倫敦的感想，彷彿是一個有常軌的都會，樣樣都守規則。英國人守舊，大家都知道的，但是新的還是繼續不斷的建設，舊的是一天天的保存來。」

「由倫敦渡大西洋就到美國開會麼？」

中國旅行社所建之黃山旅社

「是的，我記得是坐維多利亞輪渡大西洋到紐約的，路上一共是六天，這是我生平最愉快的一次旅行。這條船是德國船，船身建築，是求平不求快，所以沒有風浪。在這裏，我告訴你一件有趣味的事情，就是在那個時候，無線電還沒有盛行，船上有一個犯人，倫敦打無線電來，叫船上將他扣留，果然捉往了，船主因為無線電試驗成功，非常高興。紐約是繁華極了。紐約，巴黎，上海，這三個都會，可以說鼎足而三，是世界有名的都會。倘是論商業則倫敦，紐約，上海，因為這三處是世界商業的中心區，關於金融升降盛衰，都可以影響到成敗的。後來我到華盛頓開會，華盛頓是一個模範都城，環境清靜幽美。我看到記功坊，看到白宮；白宮很小很小，民主的國家，很可以學學的。」

「先生任務終了，回來的時候，是走海道麼？」

「不，本來想從海道回來，到日本去一趟；後來因為柏林考察未完，所以又到柏林住了三個禮拜仍然是走西北利亞歸國的。」

「先生壯遊世界，我已經得到這許多資料，是很感謝的。關於風景建設，在先生的眼光看來，還是利用天然好呢？還是人工建設好呢？」

「關於這個問題，我有兩種觀念，天下事沒有絕對的。完全是新，固然不好，完全是舊的也未見得好。我主張，天然風景，不加人工，應該完全保存，但是新建設也應該有的，沒有新建設，我們怎樣能去遊覽呢？好比黃山，是天然好風景，但是住宅區，不能一定蓋茆棚。我主張房屋的形式，外面應該多採中國材料的舊式美術，裏面的裝修，不妨用新的，比較潔靜，整齊，堅固。總之，我的主張，是『樸雅堅美』四個字，風景區的建設是這樣，建住宅也是這樣。」

「先生是安徽黃山建設委員會的主任常務委員，請說一點關於黃山。」

「啊啊黃山麼？」先生很感到興趣似的，說：「人間有石皆奴隸，天下無山可弟兄。我所到過的地方，再沒有勝於黃山的了。」

「請問好在哪裏？為什麼天下的山水，比不上黃山呢？」

先生於是滔滔不絕的說：「我們要認識黃山，先要知道錯綜繁複的美，決不是單純的色素所比得上的。譬如一株古梅樹，也許美極了，可是假定我們到了香雪海等處梅林裏，那兒這樣虬枝蟠結的梅花，非直很多，而且還有各種不同苗條式樣樹的樹陪襯著。又譬如攝影，儘管有很多張好看的景片，可是我們看電影，那卻是時刻不同姿態萬千的。究竟美術上的價值，還是梅林電影高些吧。黃山幾百個峯頭，蟠結幾百里內，譬如是『山峯的森林』，而且風雲雷雨，變幻無端，我們若在黃山凝神注視一個山峯，那是一分鐘一秒鐘都在變換色彩，變換神態，假定我們自己也在移動，那山峯的形狀也在隨時更變，說是電影片決不是誇張的。」

「黃山規模如此其大，山內也分區麼？」

「分的分的，黃山因其廣袤無際，雲霧迷漫，所以又稱黃海。前山屬歙縣，叫前海。前海天都、蓮花等峯，都是雄博偉麗，嵯峨聳峙的。後山屬太平縣，叫後海，雲谷、始信峯、散花塢等處是以幽深綺秀、玲瓏蕭散見稱的。後海之西，還有一區，叫做西海，究竟通達什麼地方，說來慚愧，連我們還沒有去探過險。只能在西海門看看，那奇邃神秘，曼衍變弄，又駕前、後海而上之，恕我言拙，不能形容了。」

「黃山交通怎樣？」

「交通可分兩種。一種山外交通。自蔣先生督造各省公路成功，從杭州，蕪湖，景德鎮，以及安慶對江的殷家匯，杭江鐵路蘭溪站，再過去的淳安都可以乘汽車直達，蕪湖去最遠，也不過八小時就到了。一種山內遊覽路線。前海的幹路已經修好了，從紫雲庵可以坐山轎直到文殊院，後海也略略整理過，從古竹溪坐到雲谷、獅子林一直到天海、鰲魚洞，也不過偶爾要下來走幾步。就是從鰲魚洞、文殊院之間，隔著一個蓮花溝，上下各有八百級石階不能坐轎了。」

「蓮花溝預備修麼？」

「不，不但目前不修，就是全部建設計畫裏也不預備修。不勞不樂，不險不奇，留著給能走的人走走，是一種很艱苦而反愉快的事，不能走的，請各人到文殊院或鰲魚背打道回衙，再繞大圈子，也不為過啊。」

「黃山全部建設計畫如何？」

「現在建設委員會暫時定了一個三年計畫大綱，第一年為交通建設時期，第二年為生產建設，第三年為文化建設，說來話長，改日一定送過去請指教的。」

「黃山住宿的地方，不成問題麼？」

「從前遊人都是住廟的。去年中國旅行社黃山旅社已經建築成功，很精緻舒適的。

貴雜誌不就是旅行社辦的麼？一提到中國旅行社，大家都公認為是真替社會服務的，黃山住宿你想會成問題麼？哈……」

※

先生就在這誠摯的笑聲中送客了，永遠是那麼和藹慈祥的。

潘　公　展

潘公展（1895-1975），浙江吳興人，名記者、政治人物，國民黨文化、宣傳方面的幹將，CC 派要人。1919年夏，從上海聖約翰大學畢業。翌年，他參與創刊《商報》。1927年加入中國國民黨。任《申報》主編。1932年上海《晨報》創刊，潘出任該報社社長。同年8月，任上海市教育局局長。1936年兼任上海市社會局長。1939年轉赴重慶，任中國國民黨中央宣傳部副部長兼《中央日報》總主筆。1945年抗戰勝利，出任《申報》董事長、《商報》社副董事長、《新夜報》董事長、上海市文化運動委員會主任委員。1949年大陸淪陷前夕逃到香港。同年末，他又轉赴加拿大，1950年他到美國，任陳立夫創辦的《華美日報》社長、總編輯。1975年6月23日，在美國紐約病逝。

五、潘公展先生訪問記

潘公展先生是一位學者，在學術上有很多的貢獻，這是世人所公認的。記得我在學校讀書的時候，潘先生已主持《商報》的筆政，《商報》雖然在上海報紙中是比較資望稍淺，但是出版以後，因為評論犀利，編製新穎，很得到一般讀者的擁戴。因為主持者不得其人，後來沒有幾年便停辦了，然而《商報》編製的體裁，在上海報界史中是值得大書特書的。

潘先生和陳布雷先生那時都是《商報》的中堅份子。潘先生編輯《商報》的方法，是獨創一格的。我們稍稍注意報紙的人，當然還記得十年以前，所有上海的報紙，編輯方法，還沒有現在這樣的有條理，有層次。關於電報，都是一字不改，照樣登載，雖然有很好的新聞，都是這樣的登載，使得讀者非常費事，沒有方法可以用最經濟的時間，讀到多量的好新聞。我嘗說這許多有價值的新聞，好像金子在沙裏，要讀者慢慢地淘出來的。潘先生是一位淘金者，編輯的方法，是特別注意到有條理，將極重要的新聞排列在一起，提綱挈領的顯示出來；讀者看了，自會一目了然。後來，各報也陸續仿行了，關於這一點，在寫這一篇訪問記之前，我認為是值得報告的。

※

這幾個月來，我已經訪問過好幾位名人了。每一次訪問，我覺得所發的問題，太平凡了，所以這一次訪問潘先生之前，我便預備些問題。

今年的春天，老是下著雨，不到下午五點鐘，天已黑暗下來。我訪問潘先生的時候，《晨報》社裏電火通明，編輯部已有少數人開始工作了。

潘先生很和藹地接待著來客，我們便坐下開始談話。

「潘先生歡喜旅行麼？對於旅行，認為興趣如何？」我訪問每一個人，都是先提出這一個問題。

「當然囉！我是很歡喜旅行的。旅行可以換換環境，並且有許多從前沒有看見過的東西，可以看到。各地社會風俗，有種種不同，在旅行時，新到一個地方，就可以研究。我很覺得『旅行』，是人生最需要的，但是提起我個人，因為時間少，不大出去，是很慚愧的。」

「旅行能增長智識，鍛鍊身體，先生的意見如何？」

「的確，旅行可以增加智識，因為有許多見聞，是從旅行中得來的。求學問不是專

潘公展先生近影

靠書本的，尤其是要在書本外得到事實上的證明。講到身體在旅行中的確可以受到好處，當然也不能過分勞苦。如果在旅行時，飲食起居，均有相當節制，我相信對於身體是有益的。尤其是平時很忙的人，出外旅行一次，格外有益；因為平時不能擱起的事情，如有旅行機會，各事可以不放在腦筋裏。在旅行中還可以測驗個人身體的強弱，登山涉水，如果覺得勞苦，我們就應該知道體力不行，可以設法改善或鍛鍊起來。」

「先生回想幼時的旅行情況如何？」

「我十三、四歲自家鄉菱湖鎮出外，便先到了杭州。我覺得杭州風景很好。從菱湖到杭州是坐小輪船，到現在還是坐小輪船，因為是水道的關係，但是班數比以前加多了。」

「先生遊賞過的歡喜些什麼地方呢？」

「各地有各地的好處。比較起來，北平當然是偉大一點，青島的市政設施，非常之好。」

「請說一點關於北平。」

「北平的山，當然和南方不同。西山一帶，大概因為地質和氣候的關係，總覺得樹木太少。只有碧雲寺附近多樹，我們從碧雲寺眺望，雲樹蒼茫，有無限的風光。有一天薄暮，我登景山之顛，看故宮及三海的景色，宛然似一幅畫圖，覺得非常滿意。」

「先生對中國的避暑區，有什麼意見？」

「避暑區麼？我看牯嶺比較幽靜一點，遊賞的地方多一點，雲海很好。青島交通便利，勞山很雄偉，至於莫干山，似乎侷促一些。我最近曾到菲律賓去，菲島有一個有名的避暑區，就是『碧瑤』（Baguio）。這個地方也曾一度去遊覽過。碧瑤的道路佈置和種種設備，和中國比較起來，中國是太差得遠了。在那裏，一眼望出去，完全是綠的，樹木花草，無不茁茂，顯出一派蒼翠的景象。其實碧瑤並沒有很特別的天然風景，但有人工的佈置，可以把整個的地方渲染得異常出色。講到路政，從山腳到山頂，無論哪條路，隨便到什麼地方，都可以通行汽車的。當然囉，有許多人以為山上不必有汽車洋房，應當保存相當的天然之美。但是據我的見解，中國從前閉關時代，士大夫或者有閒階級，花幾個月功夫去遊山玩水，是不在乎的，現在時代不同，非有極便捷的交通方法是不行的。倘是還要用轎子走路的方法吸引遊客，是絕對不可能了。——你以為怎樣？」

我笑道：「的確，哪有這些閒功夫呢？不過通汽車的地方，當然應該通汽車；有許多應絕對禁止通車的，還是禁止，先生認為有理由嗎？」

「是的，那就看情形和需要了。至於避暑，也不一定在莫干山，廬山和青島，中國有很多避暑的地方。像衡山，天台，雁蕩，都可以避暑，第一須要開發交通，有很好的旅館，有優美的花木，方可以吸引一般旅客。這幾年來，青島為什麼這樣發達呢？因為青島市政，有極長足的進展，尤其是注意到交通便捷這一點。我去青島兩次，第一次就很覺滿意，第二次去時，比第一次又進步了許多。」

「關於招致國外遊客，可以增進國際地位，我曾經和許多人討論過，不知先生有什麼高見？」

「當然可以提高國際地位。外國人到中國來，有許多東西，無非看些皮毛；其實中國內地實際的好東西好風景，都沒有看到。假定我們有種種方法去吸引外國遊客，私可以使他們知道中國的偉大；中國的美麗。提到這一點格外應當先從擴展交通入手。中國內地的園林佈置，曲折幽深，引人入勝，儘有許多奇花異草，危巖怪石，真有一看的價值，假使交通不方便，如何吸引他們去遊覽呢？所以我主張，不能不在可能範圍內，用新交通方法，最經濟時間，去辦理遊覽事業。我敢說一個地方要在遊覽上發展，能合乎以上所說幾個原則，不但地方的地位可以提高，各種事業也可以發達。譬如無錫，最近幾年來，佈置太湖濱風景，先從便利交通入手，有很好的馬路，有美麗的別墅，於是乎各方面的遊客，一天一天的增多了。無錫現在已經是遊覽區了，如果杭州不努力的話，無錫或者有奪去杭州地位的可能。杭州僅有一個西湖，無錫的太湖，多壯美呢！再拿宜興的兩個洞說，從前交通不方便，去的人很少；現在通行汽車了，公路上每天都載去不少的遊客。所以招致外國遊客，應該先從交通上著想，其結果不但國際地位可以提高，收入方面，也著實可觀哩！」

「旅行的文字，譬如遊記等等，在文學上佔有相當地位麼？」

「當然有的，有許多無機會出遊的人，看了遊記，譬如臥遊。遊記的內容，可以包括一切，不但風俗人情，就是歷史地理，也有極重要的關係。只要有好作品，當然就有地位，中國《徐霞客遊記》，至今傳誦，就是一個好榜樣。」

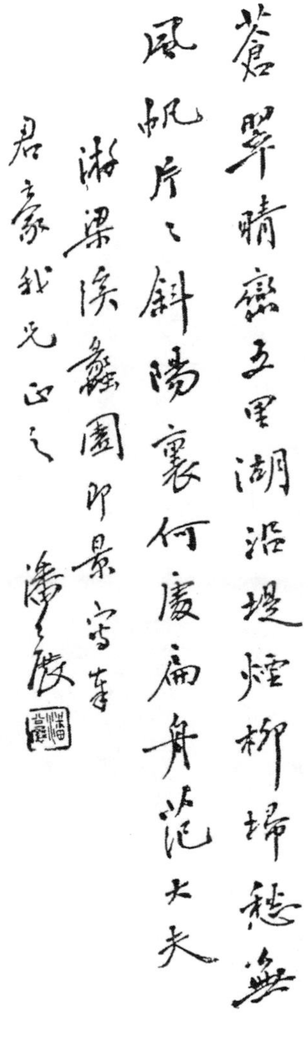

潘公展先生為《旅行雜誌》題字

「現在一般平民，為生活束縛，太無機會去享受旅行的樂趣了，我們用什麼方法去提倡呢？」

「這是極端應該提倡的。交通發達之後，可以想辦法提倡團體旅行。至於輪船，火車，可以分為幾等價錢，旅館設備，也可以提倡經濟辦法，照這樣辦，大家都可以去旅行了。」

「先生這回到菲島去，還有什麼事情可以見教麼？」

「遊觀的地方，當然很滿意，但是華僑的商業困難極了。中國的商品，受了很高昂關稅的影響，已經擔負很重，兼之美國商品到菲，是不要稅的，日本貨又努力傾銷，中國商人的困苦，就可想而知了。」

※

我和潘先生談話約一小時光景，還有許多問題沒有談到，但是求見的賓客，陸續來了五、六位，我不便多談，只得很失望的告辭。

潘先生老是學者的丰度，很和藹地在樓頭握別，我歸家後便一一寫出來，心裏有無限的歡愉。

沈　　　　怡

沈怡（1901-1980），字君怡，浙江嘉興人。水利學家、政治人物。1914年入上海同濟大學土木科。1921年留學德國，1925年獲德勒斯登工業大學工業博士。回國後，曾任上海市工務局局長，全國經濟委員會委員，黃河水利委員會委員，導淮委員會委員、秘書長，經濟部資源委員會委員、主任秘書、工業處處長、技術室主任，國防部設計委員等職。1941年出任甘肅省建設廳廳長，後又任全國水利委員會委員。1945年出任交通部政務次長。翌年，又任南京市市長，期間還同時兼任最高國家經濟會議公務委員會主委、公共工程委員會主委。赴台後，曾任聯合國亞洲暨遠東經濟委員會防洪及水利資源開發局局長。1960年回台，出任交通部部長。1967年任總統府國策顧問。翌年，任中華民國駐巴西大使。1974年任中國文化學院教授。後赴美居住，1980年在美病逝。

六、沈怡（君怡）先生訪問記

我雖然和沈君怡先生見面的次數不多，但是沈先生給我的印象是很好的。大概在民國十七、八年的初夏，我在杭州，偶然到樓外樓午餐，在面湖的第三層樓上，巧遇著黃膺白先生，其時沈先生也在座，因為黃先生的紹介，便談了片刻；直到這一次和沈先生長談時止，光陰像飛箭似的，已經六、七年了。

在今年，因為職務上的關係，我們見了好幾回，沒有什麼談話。這一次承邵雨湘先生的先容，我便到市中心工務局去訪問，原因是為沈先生剛從歐洲回來，探詢一些關於旅行上的問題。

沈先生向來給我印象，是寧靜寡言，埋頭苦幹，很重理智而又極富於熱情的。沈先生是青年，勇猛向前的精神，是隨著時代邁進的。大概在德國下過功夫的人們，總有一番沉毅果敢的精神；舉我所知的，好像譚伯英先生，他的特性和沈先生差不多；也是埋頭苦幹的青年。我向來不歡喜誇大，尤其不歡喜為他人張大其詞。我們拿事實來看，

——事實為最後之雄辯，上海市區的道路，黃浦江裏的市輪渡，是他們努力的表現。談到上海的建設，我們是應當知道的。

我所知道的沈先生，是太敷淺了。以上是我為沈先生向讀者致的介紹詞。

※

初夏的天氣，便感覺到異常燠熱，其美路上的綠樹，一陣陣的涼風，使得我非常痛快；好像醉了酒似的，這風吹醒了我的宿酲。汽車開足了四十碼的速率，載了我很守時刻的到了市工務局，竟然毫釐不爽。

多謝邵雨湘先生的好意，引我到接待室裏。

沈先生和我寒暄了一會，我們便坐下開始談話。

「先生此番到歐洲，停留的很久麼？」我這樣問。

「不，來回七個月。我從上海動身，從蘇伊士河先到意大利之威尼斯。在威尼斯沒有多停留，就坐火車到德國之明興München（今稱：慕尼黑）。」

「自威尼斯到明興，乘火車不很久麼？」

「不，早上動身，當夜就到。」

「先生出國後，有什麼感想？」

「說起來很好笑！我第一次出國，是在民國十年；也走同樣一條路，路上沒有什麼可說，不過上次是在法國馬賽上岸，這回是在威尼斯上岸。十年前和我同船的，有許多里昂中法大學的同學，記得是吳稚暉先生伴送的。這回同船的，不是大學生，乃是十歲左右的童生，是到日內瓦世界學院去讀書去的。當時我有一種感想，一個大學生，剛剛畢業，個人的學問和經驗，總是不夠，如果馬上就到外國去留學，觀察能力，很為薄弱，能學到什麼東西，出了這樣大的代價，我以為所得，決不能相償。以我個人而論，回國以後，想起在國外的時候，有許多東西，應該研究，並且這種研究資料，隨手可得，但是當時因為經驗不充，不能體會，後來懊悔，已經不及了。我自問還是一個肯讀書的人，當時不過抱書本到大學聽講而已；就是參觀，能力也很薄弱。因此，我有一個感想，如果剛剛大學畢業，就到外國去讀書，是極不合算的。在國內多得一點經驗，到外國就可以多學一點東西。」

「別國的留學生，是這樣麼？」

「不，我在德國時，有許多日本同學，他們的資格，至少是帝國大學的助教，當然根柢深，經驗豐，所學的東西多，所得的東西也多。現在每況愈下了，十年前出去的是大學生，十年後是童生；上次我在市府紀念週報告曾說了幾句笑話，現在各國托兒事業發達，假使我再有機會出洋的話，同船的一定是嬰兒，恐怕那時候中國的嬰兒，都無法教養，也要送到外國去留學了。」

我聽了上面一番話，我縱聲大笑了一回，同時也未免歎息一番。

我問道：「德國現在的情形，到底什麼樣？」

「德國本來好像一個大家庭，是一個有根柢的國家，向來就很好的。譬如說，從前其他各國沒有的工廠，德國早已有了。德國本來，就很完備，秩序很好。現在從表面上看，秩序比較從前好；十年前還有敲碎玻璃搶麵包的事，現在是沒有了。」

「德國的市政，當然很整齊可觀哪！」

「是的，德國的街道整潔，公共場所，很有秩序，早就在各國之上，並不自今日始。因為這個緣故，有許多前去觀察的人，見到寬闊整潔的街道，從浮面上看來，總覺得耳目一新。此刻常聽到贊美德國的論調，我個人的看法，和眾人不同，有許多人以為好，我卻以為還可以批評。德國還是德國，還是和從前一樣。」

「先生的看法如何？」

「德國有許多好處，各人看法不同。其實批評有正有反，看法應分為因果。」

「何者為因？何者為果？」

「譬如說秩序整潔，是昔日所種的因，才有今日之果。因為德國的整齊嚴肅，一派不可忤的樣子，決非一朝一夕所能成就的，必定有許多原因，久而久之，方有此結果。德國提倡科學，鼓勵服務，在上者以身作則，都不是眼前的事，是幾百年來遺傳下來的美德，非一朝一夕所能養成的。中國人近來無論就何項職務，總得宣誓，然後就職。德國人的宣誓，是非常神聖嚴重的，不像中國人宣誓不負責任。譬如法院裏傳到一個嫌疑犯，雖然獲有許多證據，但不能確實證明，如果這個嫌疑犯能夠宣誓並未犯法，法院就立刻釋放，本人亦決不隨便宣誓。我在德國讀書的時候，有一個體面商人，經營違法的投機商業，法院裏偵查了好久，得到許多證據，便把這商人傳至法庭；商人呢，是一味否認，法官問：『能宣誓否？』商人答：『可以宣誓。』於是宣誓後便把他釋放了。後來法院又得到有力的證據，足以證明他的違法；這商人等不到法院來傳，便在辦公室裏自殺，這是社會上的制裁。像這種民族的特性，決非一朝一夕之功。」

「這些都可以算是昔日之因了。」我說。

「還有德國的官吏，是有保障的，絕對不能越級升遷；所以官吏很能忠於職守。至於大學教授，尤其限制羉嚴，絕對不能從大學畢業後，混幾年就可以做教授的。他們做到教授，是很有程序的；大學畢業，必須做助教若干年，然後升為講師，講師擔任了幾年，才升為副教授，從副教授做到教授，又須經過了好幾年。所以德國的教授，多是埋頭研究，心無二用，已成為一種風尚；雖然待遇很薄，但是在社會上地位，是非常之隆崇的。」

「先生所說的一番話，當然是德國今日成功的遠因，但是現在黨治之下，是不是也成為將來之因呢？」

「是的，我正要說到這一點。我們同時可以看到今日之因，猜想他日之果。此刻所有一切的好處，——的確是好；都是昔人所種的因，始成今日之果。不過現在所種的因，我雖然不敢武斷，說些什麼，但是將來所得的果，不見得十分好。」

「譬如些什麼呢？」我很猶疑地問著，尤其是今日我看到褐衫領袖在眾院所發的外交政策，是關係歐洲前途的。我對於日耳曼人，是不十分瞭解而又非常關懷的。

沈先生的答覆是：「我們觀察一件事情，最低限度，是要自己有辨別能力。此刻的因，就拿學校來言；我是在德國讀過書的，所以能作相當的比較。德國現在的學生，沒有從前那樣刻苦用功了，如此下去，實在可以影響到將來。學生如此，教授方面，也起了變化了。因為政治的力量，是深入了教育界，所以資望很淺的助教，可以做大學教授，甚而至於做大學校長。剛畢業的大學生，同時有了政治的背景可以高踞要職；倘使都是傑出的人材，在革命的過程上，倒也不妨，但是以我個人接觸的人而論，實在不敢贊一詞。」

「籠統的說，這是德國教育界現象，他方面的表現，是什麼樣呢？」

「還有還有，我此次到德國，是參加國際道路會議，我和趙祖康君代表政府與會，和德國各方當局很有許多接觸的機會。在開會之後，有一次旅行，為期十天，差不多走了半個德國，各方面的招待，非常殷勤懇摯，我們是很感謝的。不過每一次開會，主人照例有一次演說；這種演說，都是關於政治的，千篇一律，而且一切情況，和民國十三、四年的中國情形相彷彿。其實這次到會的是許多工程師，不見得有政治上的興趣，要求地位平等，豈是口頭上所能辦到？但是演講的人自鳴得意，老實說，這樣宣傳，是無益的；在一般年少氣盛的青年們，還情有可恕，還有一般很有經驗，並且明瞭國際情形的中年人，在演說時，也是大聲疾呼，異常激昂，雖然他們在個人談話時，非常明瞭，可是這種舉動，未免投時所好罷！這樣的情形，此刻在德國是非常普遍的。」

「這樣的情形，他們不覺得過分麼？」我說。

「實在有糾正必要，否則其果可想而知。」

沈先生說到此處，很覺得惋惜，可是他又感覺得中國自身的缺憾。他說：「我的批評，太苛刻罷！我國中國的學生呢？德國的學生，雖比較沒有從前那樣用功，但是還比中國學生好。中國的大學教授呢？德國的大學教授，還遠勝於中國。我們還有面目去批評人家麼？」

「先生，今天談得很有興會，還有什麼感想？請告訴我關於其他的事情。」

「哦！我此番在德國往了三個月，還參與黃河試驗。我此刻忽然想起主持黃河試驗的恩格教授，他是我的業師，今年八十二歲了，他一生致力於學問，尤其是中國的黃河問題，以畢生精力，從事研究，這種不分國際的精神，值得我們愛慕，他曾經對我說：『一個國家，如果受到一種武力的侵略，全國的人，都曉得如何上下一致的對付；但黃河問題，是自然界對於中國國家民族的一種侵略，政府和人民應如何全力對付才好。黃河為患的重要性，不亞於一種武力和外來戰爭，中國人應該全力對付，應該用廿世紀的科學方法，則不難解決。』這幾句話，是值得我們玩味的。」

「先生在德國住三個月後，聽說還有俄國之行？」

「是的，我上次出國，是從美國回國的，所以俄國沒有去過。這一次到俄國，住了三星期。」

「關心俄國的人，近來太多了。先生考察的目的如何？」

「我預備到俄國去，很認為一件重要的事情。到英，法，德等國的人很多，到俄國去的比較還是少數。你要知道，英，法，德等國不同的地方，固然有許多不同之點，但是相差有限；至於和俄國比較，那就差別得太遠了。我到俄國的目的不外四種：（一）俄國第一次五年計劃，是成功了。第二次五年計劃內容是什麼樣，我想去看看，可以多學一點。俄國第二次五年計劃，是如何產生的，必定有許多困難挫折，必定有許多寶貴材料，可以供我們參考的；關於這些，在報紙或書本上，是看不清楚的，必定要去實地考察，才可以看清楚。在我個人看，政治的制度，是另一問題，俄國的各種建設是與共產無關的，俄國的官吏和黨員，廉潔刻苦，為人民努力服務的精神，著實可佩，也與共產無關的。我們學了俄國的好處，決不會就說與共產有關。（二）俄國第二次五年計劃，全部內容，關於發展水和電的原動力，佔著很重要的位置，我個人對於這個問題，是非常有興趣的。（三）俄國的工程人材缺乏，五年計劃的實施，請了許多外國工程師，我猜想，他們一定有一種準備，造就將來的工程人材，這些人材，如何訓練，也是值得研究的。（四）蘇俄的市政，很有注意的價值；我因為職務的關係也有一去的必要。」

「但是，到俄國是一件頂麻煩的事情，先生事先什麼準備呢？」

「不錯，到俄國是不能隨便去的。我在上海未動身前就開始請求入境，是向上海俄國領署去聲請的，但回音說須等我到柏林後才可以決定。後來到了柏林，駐德的俄國大使館也有消息給我，是俄國外交委員會授權俄大使簽字，准許我入境。」

「關於買車票等等，有沒有麻煩呢？」

「俄國有一個國家旅行社，名 Intourist，是俄國統制普通游客的機關。無論何人要到俄國，惟有到此處接洽，我到柏林後，曾函詢我國駐俄大使館，如何可以到俄國，回音說還是到 Intourist 去接洽。大概到俄國的人，不外兩種：一種人完全以遊歷為目的；還有一種人是去考察的。關於統制遊客的機關，就是我以前所說的 Intourist，如果去考察，則由文化學會 Voks 管理。這個文化學會名稱，原來是蘇俄對外聯絡文化學會，範圍很廣；此次招待梅蘭芳君到俄國去表演的，也是這個團體。普通旅客倘使不到 Intourist 去買票，就不容易得到准許入境的護照；但如果一切由 Intourist 料理，則所有一切旅行計劃，必須受其支配，無論如何，不能出了它的範圍，甚至於到俄後應用的金錢，都可以交它們代為支配。」

「先生此去，護照是有了，也受 Intourist 的節制麼？」

「我此番運氣很好，因為開始辦理護照，為期很長，護照問題，得以解決。後來在柏林得到德國工程師學會的輾轉介紹，直接和 Voks 得到聯絡，脫離 Intourist 的節制，雖然受統制則一，但是比較總可以自由一點。由 Intourist 節制，雖然很經濟，但飲食起居，須在指定的旅館，並且規定要用金盧布，其實金盧布根本就沒有這樣東西。」

「為什麼呢？」

「金盧布的價值，和美金一元相彷彿，一切帳目，以金盧布為單位。我的觀察，這或者是俄國要表示國家的體面，所以規定了金盧布。假定我們取美金一元到銀行去換金盧布，實際方面，還是紙盧布，不過給你一張賬單，說是換金盧布的，拿這張賬單和紙盧布一同花用，便算金盧布了。但是以美金一元去換紙盧布，可以換到五十個。」

「這樣說來，到俄國以前，不必先買金盧布了。」

「根本就不必買，可以帶外幣用去。到了俄國國境，必須將所帶的外幣交海關證明，將來如果用不完，可以帶了出境。不但俄國如此，許多國家，多是如此，尤其是德國。我們中國有句古話，說『財不露眼』，但在歐洲是不如此的。因為你帶了多少錢入境，如不事先說明，到後來出境的時候，非經證明，餘下來的錢，就不能帶走。現在我又想起關於德國的馬克，可以告訴你一件事，作為後來旅行者的參考。」

「是怎樣一回事呢？」

「我離開德國，已有數年，一切情形，不無隔膜。我從上海動身的時候，因為到歐洲去要花錢，所以買了些金鎊，美金等，尤其是在德國，住的時候較久，所以在上海以三千元買了二千四百多馬克。後來我動身上船了，一路上聽見人家說到德國可以買『登記馬克』（Registered Mark），可便宜百分之五十，不過『登記馬克』，須在國外買進，當時我很詫異，難道有兩種馬克麼？不，絕對是一樣的馬克，並無分別。不過這一種『登記馬見』在德國花用，每人每日只許用五十個，並且不能帶了走，以在德國用完為止。」

「先生沒有買『登記馬克』，不是很受損失麼？」

「我當時也這樣想，後來到了柏林，到銀行方面去商量，銀行把我所買的馬克賣出，再為我買『登記馬克』，這樣一轉手間，二千四百多個馬克便得了四千多馬克。原來這種『登記馬克』，是專為外國人而設。」

「這是什麼作用呢？」

「實在情形，我也不十分明瞭，好像是為了德國一筆債務，要吸收外國金錢的。」

「德國人真能計算呀！」我這樣說：「先生從俄國仍回柏林麼？」

「在俄國考察了三星期，再歸德國，我最初希望從俄國歸國，後來因為遠東形勢緊張，並且這樣辦，勢必在十二月始可到俄國去考察，十二月是太冷了，我只得變更行程，提早於十月間先到俄國。」

「回德國後，還到些什麼地方呢？」

「還到過英，法，瑞士，意大利，最後就從意大利的布林迪西由原路回國。」

※

沈先生和我談了兩小時，一切都非常詳盡，在握手告別的時候，沈先生又把我留住，很簡單的告訴我下面的一個中國故事：

「這故事也許很平凡罷！事情是這樣的，從前有一個解差的人，非常健忘。一天，解了一個和尚罪犯，他記得非常清楚，是四樣最要緊的：

一個和尚，

一面枷，

一個包裹，

一件公文，

他一面解了和尚，一面口中唸著：『一個和尚，一面枷，一個包裹，一件公文。』這樣一路走下去，到晚上借了下處，解差的人睡著了。

和尚是沒有睡，用剃刀把解差的頭髮剃光，把一面枷也套在他頭上，和尚是逃走了。

第二天早上，解差的人醒了，用手摸摸頭，『一個和尚』，不錯，再一摸，『一面枷』也不錯，再看看一個包裹和一件公文，也完全不錯，他是很高興。

到後來，他忽然喊道：『我自己呢？』」

我聽見這個故事，我大笑了一陣。

沈先生說：「這就是忘記了自己。我今天批評德國的話，也是這個樣子。」

我聽見這一個新奇的故事，覺得解差的人，雖然健忘，但是最後終於忘不了自己。

※

「我們不要忘了自己！我們不要忘了自己！」我也好像解差的人一樣，從清靜的市中心到紛忙的南京路上，這一句話在腦筋中盤旋不已。

顧　維　鈞

顧維鈞（1888-1985），字少川，江蘇省嘉定縣人，被譽為中國現代史上最卓越的外交家之一。1904年自費赴美國留學，入紐約庫克學院。一年後考入哥倫比亞大學文科，畢業後攻讀政治學。1909年獲碩士學位，1912年獲法學博士學位。1912年任袁世凱總統英文秘書，兼外交秘書。1919年，顧維鈞作為中國代表團成員參加巴黎和會，在他的主持下，中國代表團拒絕在《凡爾賽和約》上簽字。1922年起，歷任北洋政府外交總長、財政總長，並於1924年和1926年兩度代理內閣總理，1927年1月正式組閣任國務總理。1946年後顧維鈞擔任駐美大使長達十年，對遊說美國支持中華民國政府貢獻甚多。1954年顧維鈞與外交部長葉公超曾代表中華民國與美國簽署了《中美共同防禦條約》。1956年從駐美大使退休，轉任海牙國際法院法官、副院長。1967年於海牙退休，赴美定居直到去世。

七、顧維鈞（少川）先生訪問記

顧少川先生是外交家，讀者素所深知。

我和顧先生在數年前見過一面，是在滄洲飯店的茶話會上。顧先生那時正陪同國聯調查團到東北去，顧先生在茶會上所說的，是關於某一個時候的外交問題，在這裏，也無庸再寫。

但是，顧先生有一句話，我認為很有價值的，就是「外交不可錯過機會」，真的，中國的外交，錯過了不少機會呀！

這一回，我請張祥麟先生先容，約期訪問，專談旅行和外國名勝。我雖然是新聞記者，但是向來的主張，不願意苦苦的逼人家說話，所以寫給張祥麟先生的信上，鄭重聲明，和顧先生晤面的時候，不談任何政治問題。

果然，這鄭重聲明是有效的。顧先生對於談旅行，很有興趣，我便約了同事孫君恩霖，在某日下午，前往顧先生約定談話的地方。

在座的有張祥麟先生，施肇夔先生，我們坐了片刻，顧少川先生也準時來了。見面寒暄了一會，我們便坐下開始談話。

※

我要問的話，是非常之多，可是從何處問起呢？後來我想，我們既不是有關係的談話，所談的也無關國家大計，似乎不妨隨便些，還是看機會，談到什麼地方，就隨便問一點。

於是我就發問：「先生在外國很久，一共周遊過幾國呢？」

「哦，我到過瑞士，意大利，荷蘭，德國，經過了蘇俄。美國住得最長，讀書的時候，也在美國。」

「這樣，先生倒有很多年住外國呢。」

「我想想看，哦，在外國總共就住了十六年，我三分之一的時間，是住在外國的。」

「先生在外國的感想，譬如說，初到一個國家，或者一個國家和一個國家的差別，有什麼特殊的感想，可以見教麼？」我雖然發了這一個問題，但同時很感覺未免過於空泛。

顧先生的答覆，是很圓妙的：

「這個問題，不能一句話答覆。我可以說，到某一國，有某一國的主要感想，但是這些感想，非旅行是不能得到的。當我初到法國的時候，到處見到法國的人民，很有紀律，很有秩序；一切都非常整齊。火車是一分一秒不會脫班的；車站上的狀態，是非常整齊的。法國這個國家是組織嚴密，一切完美。在英國，早上起來看報，覺得他們言論很自由。無論什麼事件，關於政治，風俗，社會，經濟，都可以任意發揮，各舉理由說出來，是毫無顧忌的。到公園裏去散步，時常可以見到東一簇西一簇的人，各黨各派，在那裏演講。東面發表的意見，和西面的主張，也許是絕對相反的。」

顧先生對於隨便談話，也很感興趣的，他想到一點，就隨意告訴我們。他又繼續說：「法國的中等社會很勤儉，開店的，都是女子管賬，招呼客人，應付一切，都非常精明刻苦。法國現在是資本國，法國的儲蓄習慣，是天生的，甚至於下級社會，也知道儲蓄幾個錢，買些股票，這種風氣，是很好的。我們如果到了美國，就覺到一切都是新興氣象，蓬蓬勃勃。商業中心的百老匯，非常熱鬧，下午公事房散了，一般人走路，都很匆遽，忙得不成樣子，車子還沒有停好，已經跳下來；或者上車的人，已經跳上去了。這種急進冒險的精神，是美國人的特長。總之我們不到外國，在書本上是看不到什麼的。」

「這些，想都是大城市的情形，美國和法國的鄉村如何？」

「各國鄉下人民的狀況，都很進步，很有程度。美國的鄉村，樣樣事有相當的組織。一村有一村的計畫，一鄉有一鄉的計畫，可以說自治的精神，已經貫徹到最下層。談到法國的內地，我覺得街道很好，可是人口太少；尤其是缺少小孩。街道上的綠樹，和美麗的路燈，看了有說不出的美感，就是覺得人少，總冷清清的；這一點可以看出法國的戶口，是很固定的，沒有顯著的進步。還有一點，法國的小鄉村，飯館很好，菜餚是非常之味美。法國無論哪一級人，到了晚上，總要舒舒服服的喫一頓晚餐，喝一些紅酒，白天的辛勞，可以得到些慰安。法國人的樂生觀念，比美國人進步，他們真會 Enjoy Life 呀！」

我聽了上面的一番話，心裏很覺得舒散，我於是乎笑了；在座的人，也有些笑容。

顧先生說：「百聞不如一見，旅行可以得到新知。旅行真是 Part of Education 呀！」

這句話是確切不移的，我們的談鋒，又轉到國內的山水。

我問：「先生在國內遊歷些什麼地方？」

「在中國，我住的地方不多，不過我很能走路跑山。我覺得中國的大城，物質方面，近年來很有進步了。如道路，電話，車輛，都比以前進步，這不能不歸功於建設。至於普通人民，知識也比從前高得多，體育方面，特別發達，這不能不說是好現象。但是大城不能代表全國，大城很富庶，內地的貧苦，是很可憐的。我想到內地的貧苦，有一件事情，逼到我腦筋裏來，我是不容易忘記的。」顧先生說時，很有一點惋惜的神情。

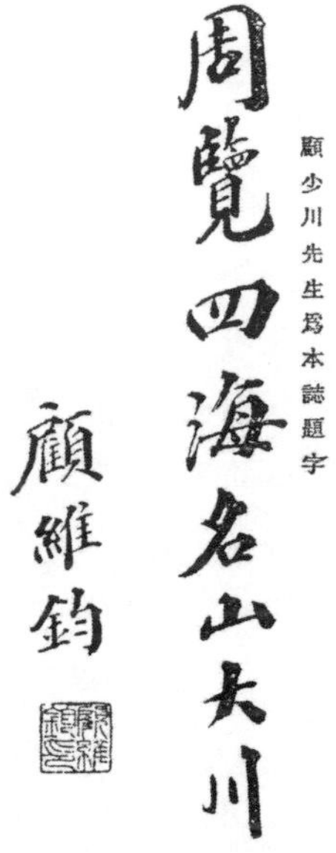
周覽四海名山大川
顧少川先生爲本誌題字
顧維鈞
顧少川先生為《旅行雜誌》題字

顧少川先生近影

我問：「是什麼一回事呢？」

「事情是這樣的，有一年夏天，我到威海衛，住了一些時。我是歡喜跑山路的，這一天午後，我帶了兩只橘子，又出外步行，興致很好，走了不少路，因為是熱天，忽然下了一陣大雨。我連忙走到一個鄉下草屋裏去避雨，這房子裏有一位年老的鄉婦，另外所有的，是一張桌子，幾隻櫈子，一張床鋪，還有幾隻小雞。外面的雨，下得很大，水已經到草屋裏泥地上來。我一面避雨，覺得有些口渴，就拿出橘子來喫。老嫗看見我喫橘子，非常詫異，她說已經嗅到橘子的香味，並且告訴我，她今年六十七歲了，有四十年沒有喫過橘子。當時我很難過，問她為什麼四十年不曾喫橘子，她說實在很苦，沒有錢買。我本來還有一只橘子立刻送給老婦，她感謝極了，並且說這橘子留給她孫女喫，她只好留下橘皮。我心裏很痛苦，但是我又問她：『你不是養雞麼？雞大了可以賣錢的。』她歎了一口氣道：『雞是地主的，養大了就要拿了去。』我聽了這句話，很覺得難過。威海衛還算是富庶之區，這個鄉村，距離威海衛不過七、八里路，已經貧苦得如此，中國其他鄉村的貧苦，也就可想而知了。」

這真是一幕描寫鄉村貧苦的短劇，顧先生說得很懇切動聽，我們都斂了笑容，好像那可憐的老婦，就站在眼前。

我只好把室裏內空氣轉換一下，我又問：「各國的市政，先生有什麼感想？」

「這就要拿各國的實在情況來說。譬如說倫敦，是一個有歷史關係的古城，所有一切街道，當然是新開闢的好，局部放寬的不好；但是英國人富於保守性，一切古跡，竭力保留，所以在舊的街道上，有古跡可尋。至於巴黎，是拿破崙以整個計畫來建設的，街道寬闊，綠樹蔭濃，是一個美術化的都市。還有許多城市，因為地勢所限，不能盡量的發展。紐約是赫貞河旁一個狹長的島，要從橫裏發展，是不可能的。還有美國的京城華盛頓，也是有整個計畫的。從前美國的京城，在Philadelphia（注：費城），後來要遷到華盛頓，先定了整個計畫，建設起來；所以華盛頓這個地方雖然不大，但是街道，樹木，房屋，是非常整潔可觀的。就是拿日本的東京來說，也因為地震後有整個計畫來改造的。總之一個城市的市政，我們不能一概而論，要看歷史和環境，才能下論斷的。」

「近來歐美各國，很注意遊覽事業，先生對於這一點，有什麼感想，可以告訴我們？」

「是的，近年來，法國，瑞士，意大利每年多靠遊客收入，來補充國家經濟的；所以非但政府方面，就是各個地方，對於遊覽事業，都看得很重。他們招攬遊客的方法，是多方面發展，輪船公司拿國內的名勝地方登載廣告，使得旅客自然感到興趣，凡能優待旅客或者為旅客謀便利的地方，多很盡力的去做。還有許多機關，因為利害切身的關係，建議當局，為旅客謀便利。他們有旅館聯合會，飯館聯合會，時時刻刻，注意到旅客的方便和舒適。就是海關上檢查，也可以減到最低限度，使人家不覺得麻煩。各種導遊刊物，把旅行時間和遊程等等，都登載得詳詳細細。在某一個時期，旅館還聯合大減價，優待外來的旅客。至於普通的人民，對於外來的遊客，也非常客氣，問路好好的答覆；買東西也客客氣氣，所以遊客都一致歡愉。」

「去巴黎的遊人，想來是很多的呢？」

「單說美國人，一個夏季，到巴黎來玩的，就有十萬人。還有許多學生，成群結隊的，在巴黎街道上走的，隨時可以看見。我們平均來算，每人花五百元美金，是不稀奇的，就可以收入五千萬。據法國人說，最盛的時候，法國可以收入二、三萬萬。」

「巴黎的熱鬧所在，是哪幾處呢？」

「先說 Avenue des Champs Elysees（注：香榭大道），是許多有名菜館的所在；這種菜館，法國人自己，認為過於奢侈，是不去的，完全靠外國遊客來維持。還有 Rue de la Paix（注：和平街），許多華麗的大商店，多在這條馬路上，櫥窗裏陳列的東西，珍奇炫耀，美國的富豪，也不知道花多少錢在這條路上。可是近二、三年來，遭逢著不景氣的打擊。生意也很蕭條了。」

「這是大城市的情形，法國的內地，也能歆動遊人的興致嗎？」

「就是內地，也有很多的旅客。法國的內地，道路好，交通方便，旅館飯店都很講究，一切收入，多仰給於旅客。旅客來時，散於各地的，不知多少。」

「中國的名勝，也可以吸引遊人呀！可惜沒有人來。」我很惋惜地說。

「中國火車不通的地方，希望通汽車，汽車不通的地方，希望通輪船，交通一方便，遊人就會慢慢地增加了。但是有一個比較困難的問題，就是旅館；我們不希望旅館華麗，只盼望旅館清潔，能夠住下去。我們中國山明水秀的地方，果然不少，可惜去了就沒有地方住。」

「先生在北平住得很久，覺得北平如何？」

「北平是一個好地方，是中國歷史上的一個大城；不過近來物質發達，北平不能代表新文化的精神。北平的宮殿大，歷史上古跡多，設備方面好像不錯，可是還不及外國。我們如果到南口，十三陵去一趟，總認為是一件苦事，因為沒有休息的地方。旅行是樂事，應得使人舒服；我們要促進旅行的興趣，至少須減少痛苦。」

「法國的南部，像麗士這些地方，碧海青天，當然很有可觀哪？」我這樣說。

顧先生聽了我這個問題，似乎想起麗士的情形，很感興趣。他說：「中國人或者認為消遣是一件不正當的事，其實西洋人把消遣當一件事業來幹。談到美國的大企業，第一是汽車，第二就是遊覽，第三才是鋼鐵事業；可見得遊覽事業的重要了。外國的消遣如戲館，電影院，賽馬，打拳，釣魚等等，終年不絕，花色繁多，可以說時時刻刻在那裏進步的。提到法國的麗士，組織嚴密，遊覽自由，政府與人民和資本家，共同合作，吸收遊客的金錢。在遊覽期內，還舉行許多盛大的會，如花會，燈會等等，每星期總有一件大事，使得遊客賞心樂意，不感到寂寞，結果，許多金錢，都為他們吸收去了。」

「法國的避暑區如何？」

「法國北部避暑的地方，比較寧靜一點，南部如Lido（注：麗都）一帶是海濱，遊人就較為熱鬧而喧囂了。」

我們談了許久，我所要問的話，也差不多完了。我忽然想起應當問一點外交家的私人生活。我說：「先生在法國，除了辦公意外，日常生活如何？」

顧先生對於這個問題，也感到興味，他答道：「我歡喜運動，常常打高爾夫球和網球；夏天歡喜去釣魚。提起釣魚，我有許多話可以告訴你。釣魚在外國，也是一件專門的技術；關於魚鈎，魚線，魚餌，都有深切研究的。釣每一種魚，有每一種專用的魚鈎魚線。釣魚最考究的是英國，次為美國，現在法國，也很可觀哪！魚竿上裝輪盤線，用起來非常靈巧。他們還有《釣魚年鑑》，將全國產魚的地方，無論江河湖沼，都調查得清清楚楚，到這個地方去，坐什麼舟車，住什麼旅館，用費多少，和附近有何名勝等等，都一翻即知，不必怕受人家的愚弄。從一點看來，他們是把消遣當為一種事業，正正當當的來幹；並且主持的人也極有身份，所以有這樣的貢獻。」

「釣魚也有專門的書，旅行的書當然格外可觀哪！」

「是的，旅行的書，詳細極了。第一有全國道路的調查，如柏油路，石子路，小路，加油站，汽車修理站等等，都寫得很詳盡，甚至於每一個地方，有幾家飯店，飯店裏有幾樣拿手的菜，也寫了出來，使遊客可以一嚐新鮮風味。這些雖然是小事，但是我們可以看出他們的用心。釣魚是最好的消遣方法，可以養心，所費也很有限。以少數的金錢，得到永日的清閒，所以我對於釣魚非常有興趣的。」

談了一小時左右，顧先生另有約會，我們握手告別。在臨別的時候，我把中國旅行社在名勝地方辦理招待所的經過，簡單的說了一些，顧先生非常歡喜。顧先生對於《旅行雜誌》，很表深切的同情，經我的要求，給我們一張照片；又為我們寫了幾個字，這是很感謝的。

※

釣魚，的確是一件有意思的事，在中國的詩歌上，我們時常可以讀到很美麗的句子；就是拿鄭板橋的〈道情〉來說，「老漁翁，一釣竿，……」是何等的淡泊寧靜呀！我寫完了這一篇訪問記以後，看到案頭的釣魚影畫，這是七、八年前友人送我的，我頓時有無限的好感，於是乎將它印在這裏，作為此文的點綴品。

釣魚

蔣　維　喬

蔣維喬（1873-1958），字竹莊，號因是子，江蘇武進人，近代哲學家、教育家、佛學家、養生學家。光緒二十一年（1895）秋起，先後入江陰南菁書院和常州致用精舍繼續深造，棄八股文，研究「西學」。光緒二十七年（1901）各省書院陸續改成學堂，舊教材已不適用，蔣維喬即投身商務印書館編譯所，歷時兩年，編成《最新初小國文教科書》、《高等小學教科書》、《簡明國文教科書》、《女子初小國文教科書》、《女子高小國文教科書》、《簡明初小中國歷史教科書》等。這是中國小學有成套統一教材的開始，在教育界影響巨大。辛亥革命後，蔡元培首任教育總長，蔣維喬應邀任教育部秘書長，協助蔡元培改革教育制度，革新教育內容。1929年後任上海光華大學文學院院長兼國文系主任。1938年起，任上海正風文學院院長。他自創呼吸靜坐養生法，寫成《因是子靜坐法》一書。

八、蔣維喬（竹莊）先生訪問記

蔣竹莊先生是愛護《旅行雜誌》的一位，七、八年來，為我們寫過許多遊記，這是記者和讀者所一致感謝的。

蔣先生是中國現代的旅行家，是現代的徐霞客，生平走了不少的路，遊歷了不少的名山大川，凡是對於蔣先生稍有認識的，都應該知道。在過去，蔣先生擔任過教育行政官吏，建立了許多功績。近十年來，一直縱情山水，不肯為功名利祿所束縛了。蔣先生最感動人的，是謙和的容顏，淡泊的心情，每次和先生見面，暢談以後，總不肯急遽告辭，先生誠摯懇切的態度，常給我以優美的印象。

這次去拜訪先生，是在一個炎夏的星期日午後。四點鐘光景，下了一陣很大的雨，雨點稍小後，我恐怕失約，馬上趕到先生家裏。

※

寒暄了幾句，坐定後又是大雨。我想，倘是我們這時在深山中，看雨看山，豈不更妙？

「先生是當代的旅行家，足跡遍天下，可以當之而無愧了。在國內，走了許多地方呢？」我首先發問。

「足跡遍天下，是不敢承認的。我想想看，在國內，我到過江蘇，浙江，湖南，湖北，江西，安徽，山東，河南，山西，陝西，河北這幾省，東三省到過奉天，還有廣東也曾去過。現在引以為憾的，就是四川，雲南，貴州，廣西，福建等省不曾遊歷過，不曉得將來還能夠如願以償呢？」

「國外呢？」

「國外去的地方不多，僅僅乎到過日本，朝鮮，菲律賓。大連，旅順，我們不能說是國外。」

我以為蔣先生遊了這許多地方，生平這樣歡喜旅行，必有他的動機，動機在什麼地方，是值得我們研究的。這問題是很單純的，先生的答覆，是很有意思的。

我問：「先生為什麼歡喜旅行呢？」

先生的答覆是：「先兄克莊先生，是一位畫家，畫山水很有功夫，年齡比我較長。我在幼時，常常看見先兄畫山水，有莫明其妙的愉快；十二、三歲時，格外覺得山水好，心裏想將來一定做一個隱士；隱居在深山之中。我是常州人，住在常州城內，城內無山水，鄉下也沒有好山水可看，我的幼年，可以說沒有遊過什麼山水。直到廿一歲，是民國紀元前十八年（前清光緒十九年），我到南京去鄉試，那時當然沒有火車，是僱了大船從長江去的；到此時我方才看見了長江。後來船遇到大風，棲霞山腳下的黃天蕩最險，就泊在山腳下守風，我方知道江行之險。到了南京，待試期間，我們跨驢騎馬，到玄武湖，莫愁湖，燕子磯，這些地方去遊玩，覺得很歡喜，但是還不曉得如何欣賞。後來從南京回常州，船過鎮江，去遊金山、北固山，這可以說是生平實行遊山的第一次。」

「以後怎樣呢？」

「以後就不行了。身體不好，有了很厲害的肺病，連半里路都不能走，於是不敢作遊山之想。三十歲這一年，是庚子年（前清光緒廿八年）專門養病，在家裏靜坐了半年，大約靜坐了三、四個月的光景，很奇怪，小腹的氣，衝開了後面的尾閭關，這樣一來，所有的毛病，一朝解決。（記者按：先生著有《因是子靜坐法》，述靜坐能治百病之功能。）我本來不能走路的，但從以後，體力甚健，所以又覺得有遊山之望。」

我笑道：「先生的遊歷生涯，將從茲始矣。」

先生笑道：「是的，讓我慢慢說來。那時江蘇有一個南菁書院，好像現在大學的研究院，是直接歸學政管的。凡是歲科考在前數名的生員，統統調到南菁書院去肄業。書院裏每月有月考，考第一的，獎八千文，我也是在南菁研究的一人。後來到壬寅年（光緒三十年）南菁改為江南全省高等學堂，學科也變更了，添了許多科學，體操便是其中之一。許多學生大約總在二、三十歲左右，很怕上操，惟有我很為歡喜。這一年暑假，我和一個同學將許多書籍裝在小車上，我們便在烈日中步行，居然從江陰跑到常州，走了九十里路，並且毫無倦意。」

我聽了很為驚奇，同時我自忖，我絕對沒有這樣的本領，因問道：「是一天就走到麼？」我心裏想，蔣先生也許在路上宿一夜的。

「早上八點鐘從江陰動身，下午四時就到了常州。」

「以後便常常遊山麼？」

「每年春秋兩季，都動了遊興，時常結伴出遊。」

「先生的遊伴，是那幾位呢？」

先生慨然道：「遊伴是常常更換的，往年和我同遊最多者，是袁觀瀾先生；袁先生是去世了。莊百俞先生現在不能走路。總而言之，往日遊伴，去世者去世，退伍者退伍，現在只好與少年遊了。」

「先生最有興趣的遊侶，是哪一位呢？」

「同遊的都有興趣，不過我常想到老友高夢旦先生。高先生的雅號是『無足遊山』，這句話是形容高先生遊山，非轎不行，無需乎兩足。高先生的女公子君珊，是我的學生。大約在民國七、八年時，高先生在上海，君珊在北平當教授，我也在北平。有一次，我寫信到上海，約高先生到北平來遊覽妙峯山，滴水巖，信去後被君珊知道了，就寫信去阻止，說蔣先生能走路，父親不可上當。高先生是妙人，將君珊的原信寄我，也不加可否。我馬上再去信，說『君不能陪我跑山，我卻能陪君坐轎』。後來高先生果然來了，我們便坐轎同遊，很為高興；一時傳為笑話。」

「先生遊賞的地方這樣多，究竟以何處為最痛快呢？」

「最痛快的是天台雁蕩之遊。大約在民國七、八年的時候，我們去雁蕩的，一共四個人，就是張菊生，傅沅叔，白栗齋三先生和我，此遊也有好笑的故事。我向來出門，喫苦時真能會喫苦；舒服的時候卻也歡喜舒服。我們這一行四個人，菊生最喜歡舒服，帶了廚房，每頓喫大菜，又是大塊頭，不能走路。沅叔的走路本領很大，每到一處，走了不少的路。以上所說的是走普通的路，以下就要談走險路了。」

「險路怎樣呢？」

「天台山的石梁飛瀑，風景極美，但是也極險。上面兩支瀑布，直衝下來，把石塊衝為天然石梁，梁的下面，千軍萬馬，浩瀚奔騰，實在是駭人心目。石梁的兩端，不過四、五尺闊，背是拱起的，最狹處不過尺許。我們遊歷到這個地方，誰有膽量走過這石梁呢？從前徐霞客從石梁上走過去，也說是毛骨聳然。我們去的時候，剛巧下大雨，穿

蔣竹莊先生近影

的是草鞋，瀑布是好看的。我看到這種壯美的風景，非走過石梁不可。我心裏想，石梁總比家裏的門檻寬得多，小孩子在門檻上走來走去，不是和石梁一樣麼？我的一顆心是非常寧靜的，於是乎背了很重的雨衣，居然慢慢的走過了石梁，到了那一面，看見一座銅亭，中供五百尊羅漢。走過去不算，還要走回來，廟裏的和尚，再三要攙扶我，我恐怕此扶彼倒，反為不美，堅決不要，又居然慢慢的走回來了。這就是所謂走險路。」

我聽了駭然！我不是佩服蔣先生的膽大，我是佩服他有一顆寧靜的心。

「拿石梁比家裏的門檻，這真是千古奇談了。」我笑著說。

先生笑道：「其實是一樣的。當時沅叔目睹一切，非常佩服。後來他還做一首詩，說什麼甘拜下風，他心雄而膽不壯呢。」

「後來怎樣呢？」

「我們到天台時，僱了照相師，沿途攝取風景照片，就是商務印書館所出的《中國名勝》。第二天，我們預備下山了。我想走過石梁不是快事，要坐在石梁上攝一個影，才算是快事，我又怕他們來阻撓我，只得請菊生、沅叔等先行，我還要指揮照相師攝幾個風景畫，他們方才去了。我果然如願以償，坐在石梁上大拍其照。」

蔣先生說到這裏，同時給我一本畫冊，果然石梁上有人危坐，其下為萬丈深淵，令人可怕。可惜原照不能翻印，不然，印在此處，倒很是有趣的事呢！

「先生在多年前就去遊黃山，現在到黃山是很容易了。請說一點關於黃山。」

「我去遊黃山，可算很苦了。那年遊黃山，從上海坐船到大通上岸，先遊九華，後到黃山，同遊者是袁觀瀾先生。袁先生生平不曾到過黃山，聽得我要去，他說情願拚老命，也要去一趟。你要曉得從前上黃山，絕對不能坐轎子，只憑兩隻腳。我們去的時候，共有九個人，上山的時候，只有六個人，到蓮花峯去的時候，僅賸下四個人了。我們本來約定一個本地人去做嚮導，誰知道這人陪我們到了黃山腳下，朝上一望，竟然一嚇，就此回去，你想好笑不好笑呢？觀瀾先生是年老了，當然不能多跑，也沒有轎子坐，只好僱幾名轎夫去攙扶他，居然也走到文殊台。我們連跑了三天，每天三、四十里路，一共走了百餘里路。」

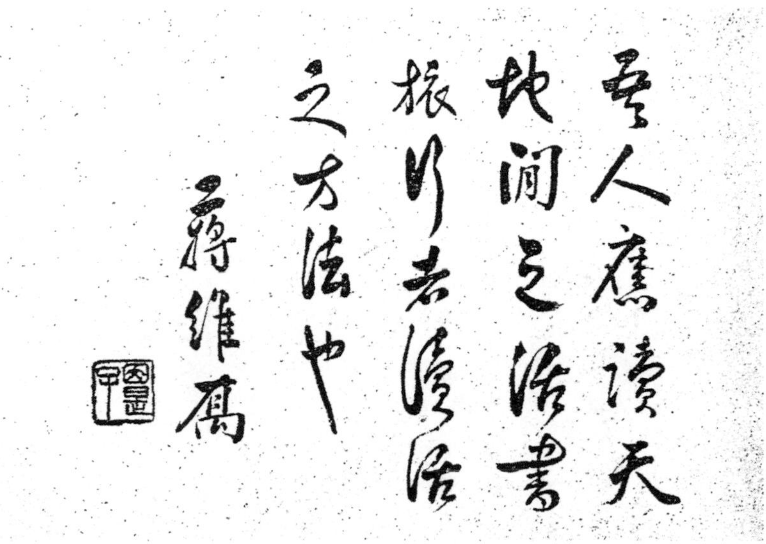

蔣竹莊先生為《旅行雜誌》題字

「現在一切都好了，路也修好了。先生何不再遊黃山？」

「提起黃山修路，可以說分為三個段落，最初一次是宜興潘稺亮先生捐款興修的，第二次是金松岑，儲南強兩先生修的。第一次修紫雲庵到文殊台。第二次修獅子林到天海。當時閻王壁蓮花峯一段未修，直到我們回到上海，觀瀾先生出力募款，才把這一段修好；我並且還寫了一篇修路的文章。現在遊黃山的人總是說這一段如何的好走，似乎毫無歷史的觀念罷！」

「先生，畫山水者，有南派北派的分別，先生遊了南北的山水，覺得如何？」

「畫山水者有所謂小青綠和大青綠的分別：小青綠的筆法，是非常淡雅的；大青綠是濃綠的。小青綠是南派，大青綠是北派。從前在幼年時代，也莫名其妙，現在看山，方體會著山水的意思。南方的山，非常秀麗，北方的山是很雄壯的，果然分出了小青綠、大青綠的界限。畫山水者有一種筆法是皴法，所謂披麻皴，解紗皴，斧劈皴等皆是。我們看平庸的山，看不出什麼皴法；但是到了黃山，仔細一看，山上的石紋，果然是披麻皴解紗皴，和畫上一樣。至於北方的山，大概是斧劈皴居多。」

「先生，還有所謂『嶂』，是怎樣呢？」

「提起了嶂，以雁蕩山為最多。有雲霞嶂，赤城嶂，鐵城峯等等。所謂嶂者，好像大城墻一樣，是整塊石屏，又高又大，可以有幾十里長，並且山頂是整而平的。雁蕩的雲霞嶂和赤城嶂，石頭多半是紅的；鐵城嶂完全是黑的。我們到了雁蕩，方知到嶂的解釋。」

「五嶽先生都到過麼？」

「惟有嵩嶽不曾去過，因為到嵩嶽太容易，並且聽說有土匪，所以不去。袁觀瀾先生曾經去過，說嵩嶽沒有什麼可以欣賞的地方。」

「五嶽以何者為最好呢？」

「當然是西嶽華山了。華山固然頂好，同時也頂險。華山全山都險，凡是遊歷過的，大概可以知道的。不能走路的人，頂多遊到青柯坪為止。我還記得，當我們遊華山時，詩人陳石遺，也去遊山，第一日到青柯坪，住了一夜，第二天就下山去了。據說陳先生因為要做一首詩，才到華山去遊覽，這真是有趣了。華山一共有五個峯，稍稍能走路的人，大概到北峯而回；五峯全到者不多。和我同去的有俞劍華、徐培基師生，他們精壯得很，善於走路，一路寫生，興致極高。此外還有一位張伯岸先生，身體肥胖，不很能走路，比我們先上山，居然也走到北峯，伯岸本來想就此下山，後來遇見我們，也就加入同遊。華山自青柯坪以上，都是逼直的鐵鍊，一路抓住鐵鍊，爬上去，真不容易，後來我們決定目標，有進無退；惟伯岸叫苦連天，終於遊遍了五峯。山中最險處，是東峯旁邊有一座棋亭，俗名鷂子翻身，這個地方，真是奇險，看看也嚇煞人，伯岸竭力主張不去，但是我終於去了。」

「是怎樣險呢？」

「要從東峯到棋亭，必須兩手抓住奇險奇窄的鐵鍊，面向前，背負峭壁，直下二十餘步。然後翻轉其身，用兩手把住壁腹橫懸之鐵鍊，足尖踹進石間所鑿之小孔，左腳換右腳，兩手也逐漸前移。這橫鍊長二、三丈，橫鍊走完，兩壁間又有直垂之鐵鍊，長四、五丈，從此鍊而下，再過兩小山，才到棋亭。」

我聽了，真覺得有些駭然！

我問道：「先生竟有這樣的膽量？」

先生笑道：「我身體很輕，兩手很有腕力，只要手用點力，身體就可以懸空了。我當時雖然到了棋亭，但是回來的時候，氣力總覺得有點不夠。張恨水先生，形容這一段路的危險，還說幾句幽默的話，他好像說假使要尋死的話，何必到這個地方來呢？還有南峯後面的長空棧，也很危險，全是峭壁，旁邊有棧道。兩峭壁的中間，有懸空梯子數十級，沿峭壁棧道，有一個石洞，據說也無甚可觀。我從棋亭回來後，轎夫勸我到南峯去探石洞，我因為天雨，所以沒有去，倘是天晴的話，說不定要去冒冒險呢？」

我說：「萬一不幸，鐵鍊忽然中斷了，怎麼好呢？」

「惟有死而已。」先生笑了一笑。

「以上是華山，南嶽衡山如何？」

「南嶽衡山，一共有七十二峯，是最壯麗的山。上山一無危險，我和袁觀瀾先生去過的。最高的峯是祝融峯，峯頂的房子是鐵的，因為風大，瓦屋難以支持。祝融峯風雲變幻，雨雨晴晴，一天不曉得好幾回。在晴天的時候，從祝融峯遠望，看見半山密密層層的雲，我們便知道下面正在下雨，祝融峯實在太高了。」

「北嶽恆山如何？」

「北嶽恆山局面很小，只有一個主峯，風景不過如此。值得說的，是山腳有一座懸空寺。寺依山而築，構造很奇，遠望好像懸在空中。恆山也是風雨不時，我們去時，正是八月，坐在轎子裏遊山；轎夫一看，忽然說要下雨了，趕緊抬我們到懸空寺。果然轎子剛停好，大雨傾盆而來，片刻之間，水深四、五尺。可是不到片刻，雨停了，水也退盡了，再繼續我們的遊程。恆山還有馬，可以從山腳一直到山頂。」

「泰山的妙處呢？」

「泰山，去遊的人是很多了。最好的地方，是在山後的後石塢，風景很美，可惜沒有去。」

「先生，還有什麼地方可以見教麼？」

「哦！四大名山如九華，普陀，五台，我都到過，惟有四川峨嵋山不曾去過；但是去也不難，不過要費點時間罷了。九華，普陀不必細講，我覺得五台山氣派很大，有東、南、西、北、中五峯。那年在八月裏到五台，已經下雪了。『胡天八月即飛雪』，想不到在五台也就看到。五台中以北台為最好，遊歷的人，應該在初夏的時候去，在這個時候，滿山都是奇花異草。五台山山頂風大，僅有幾間鐵房子，壯麗的廟宇，都是在山腳的。」

「先生遊過宜興兩洞麼？」

「提起了山洞，洞多莫過於雁蕩了。不過雁蕩的洞，都可以通光，其實並非真洞，不過兩山相接，好像是洞而已。洞之最奇妙者，在南方當然要推善卷、庚桑兩洞，在北方，是大房山的雲水洞，再好沒有了，」

「雲水洞我沒有聽見過。」我很欣然！

「宜興兩洞，還能通光，雲水洞真是漆黑無光，非爬進去不可，肥胖的人恐怕爬不進。進去後，莫測高深，要爬進幾十步，才有點著落，頂好要穿舊衣服去爬。我去的時候，帶了一隻水月電燈，可是無濟於事，只照了幾尺遠，但是領路的人，深知內中黑暗的程度，點著十餘支尺大火把，才可以把裏面看清楚。雲水洞是洞裏有洞，奧妙無窮。第三個洞也名鷂子翻身，遊人須先仰面將身子一直塌下到底再一翻身就下去了。雲水洞風景百餘種，多是石鐘乳結成。第二洞有很高的白石，名『鐘鼓樓』，領路者拿火把去敲擊，果然發出鐘鼓的聲音。又有許多石頭線條，排列得像箏，我們去彈，也發出箏的聲音。還有菊花山，象駝寶瓶等，千奇百怪，聞所未聞，見所未見。最後一洞全是水，有十八尊羅漢，石片像幡一般似的從頂掛下，真是偉大極了。後來我們從洞裏爬出來時，彷彿黑夜乘涼，全身潮濕，尤其到洞口時，眼睛張不開。」

「上房山有這樣的好去處，真是妙不可言了。」

「這是地下，還有山上。上房山最高峯，是摘星陀，很難上去，所以一時，有『上天入地』的口號。我到雲水洞後，回到北平，有一次到傅沅叔先生家裏，在座的有七、八個人，大家聽我說雲水洞的妙處，當時個個想去；但是後來只有沅叔一人去過，亦只到達第一洞而已。」

「這雲水洞好像不曾聽見過，也經過人工的開發嗎？」

「不，不，志書上載的，大家一直知道的。這洞的好處，在乎石鐘乳多，宜興的兩洞，也是一樣，不過庚桑、善卷在平地上，而且有光；這個雲水洞是往地下鑽罷了。」

我們談了好久，我手不停揮地寫，不知不覺地竟然有了兩個鐘頭，朝屋外一看，雨也停了，太陽也出來了。可是蔣先生還沒有倦意，我呢，當然不肯告辭。

於是乎再問：「先生，跑山當然不能穿皮鞋，但是布底鞋和草鞋是哪一種好？」

「跑山以布鞋為上，走險路還是穿草鞋好。」

「我想在中國旅行，所得到的是精神上的愉快，關於物質方面，衣不必談，行也不必談，食住兩項，恐怕很苦罷！」我這樣說。

「那當然囉！上次到黃山去，住的地方苦極了。可是我帶了月宮帳，帳子是有底的，我到了污穢不堪的地方，就將月宮帳掛起，從圓門內爬進去，再把圓門一收，我就有我的小天地，什麼也不管了。還有上五台山去，所住的客店，是一間泥地的草房，房外就是餵牲口的地方，人和牲口雖然不在一起，其實是相距咫尺，有時騾馬探首入房，儼然和我打招呼一樣。至於吃的東西，是油麥麵，麵粗如指，煮熟後放一些鹽，每天十個銅元，便可以過活，我和僕人帶了二升米，自己煮飯，喫下去甘美無比。諸如此類，真也說不勝說。我們談話好久了，我還要告訴你旅行的道德，作為這次談話的結束如何？」

「那是感謝極了。」

「旅行道德，不是大問題，就是出外旅行，必須結伴，伴多了意見也多。我的旅行道德，就是捨己從人，毫無成見。走路也好，坐轎子也好，人多固好，人少亦何妨。有這種精神，才可以始終同遊，遊得暢快。」

※

我們的談話，到此告一段落。

蔣先生做的遊記，實在不少，並且處處注重實際，依著他的指示，決不會喫虧，我再三勸他早日付印，蔣先生也很有此意。我想在最短期內，我們可以讀到現代不能比蔣先生再廣博的遊記，這是極可稱快的事。

握手告別時，我心裏想：要周遊世界，還是先周遊全國！

黃　伯　樵

黃伯樵（1890-1948），江蘇太倉人。1916年上海同濟醫工專門學校電工機械科第一屆優等畢業生。1920年，入德國柏林工科大學深造，專攻工業管理。1932年12月，任為京滬滬杭甬鐵路管理局局長，發起「中國經濟建設協會」、「中國國家鐵路公司」等，是中國鐵路事業的先驅之一。抗日戰爭時期，上海淪陷後，他曾隨政府撤退至漢口，但因健康關係轉至香港靜養，在港曾會同工程界和經濟及金融界愛國人士組織中國經濟建設協會，從事規劃戰後經濟建設的綱領。太平洋戰爭爆發後，和夫人一起回滬，並開始《德華大字典》的編纂工作。抗戰勝利，先後出任軍事委員會委員長駐滬代表公署秘書長、行政院院長臨時駐滬辦事處副主任，襄助辦理上海善後工作。1948年2月6日因突發冠狀動脈狹心症病逝。

九、黃伯樵先生訪問記

本期的旅行講座，是黃伯樵先生訪問記。黃先生和我還是第一次見面，他的生平，我知道的很少，現在把我知道的事情，約略寫在下面，為讀者致其介紹之詞。

黃先生任上海市公用局長好多年，所貢獻於國家社會的，彰彰在人耳目，不勝枚舉。他對於公私的界限，分得很清楚，尤貴能以身作則，所以和黃先生辦事的人，無不精神煥發，振作有為。我對於文件歸檔的方法，曾經參考過公用局的歸檔制度，覺得很合於科學化，一切都非常有條理。本來File System，在歐美都很講究的，是一種專門的學問，但在中國，因為文字的繁複，各機關都沒有根本整理的辦法。自從公用局釐訂文件歸檔的方法後，聽說國內各機關仿行的很多很多。這是一件很小的事情，黃先生管理得很精細，其他一切的事情，也就可想而知了。

黃先生自從接任京滬滬杭甬鐵路管理局局長以後，所有設施，大家知道的很多，也無庸多所陳述。

這一回，黃先生奉命考察各國鐵路事業，壯遊歸來，承秦翰才、秦瘦鷗兩先生的介紹，到路局去訪問，寫了下面的一篇談話。

※

「先生此番出遊，是從上海動身先到美國麼？關於此次的行程，請約略見告，使我先得到一個概念。」

「哦！是的，我此次行程是先到日本，後來到夏威夷，加拿大，美國，英國，法國，比國，瑞士，奧國，捷克，德國，荷蘭，意大利，西班牙，埃及，印度，馬來半島，菲律賓，這許多地方。在歐洲，土地面積甚小的國家很多，只需幾天的功夫，就可以經過了幾個國家。」先生笑著說。

「先生不是出國了好幾回麼？」

「是的，這是第四次出國，是第二次環遊。民國十九年的環遊，是由東而西，這次是由西而東，恰巧相反。行程不同，沿途所得的感想和趣味也就不同。」

「一共在外國多少時候？」

「來去是十個月零六天，除了參觀和停頓在旅館者外，差不多有六、七個月的光陰，天天在旅行之中。另外有幾個月，因為治病的關係，是居留在奧國休養。」先生很有正確統計的觀念，所以將來往的日期，記得清清楚楚。

我雖然準備些問題，想和先生討論，可是這些問題，是太瑣碎了。我每一次出外訪問，所提出的事情，總是關於個人旅行的經歷，和一些有趣味的故事。我想，我應該請黃先生講一點關於旅行的基本條件，——就是所謂旅行常識，或者對於讀者有相當貢獻；因為黃先生老於旅行，有豐富的經驗，透澈的見解，所告訴我的，我認為一定有意思。

於是乎我不得不把預定計畫推翻了。我說：「我所要提出的問題，沒有什麼系統，我想還請先生講些到外國旅行的常識如何？」

黃先生欣然！他說：「我本來定了一個綱目，是預備寫一點東西；可是一直還沒有功夫。現在，我不妨將這個綱目取出，與足下一談，好麼？」

約一分鐘光景，黃先生走進辦公室，將綱目取出，我們再繼續談話。

黃先生說：「我認為出外旅行，是一件很愉快的事情，可以增長見識。我們要不坐井而觀天，當然應該多走些路，拿我們自己的眼光，去觀察一切，所得到的，自然格外多了。不過旅行，有幾個先決的條件；倘使能夠辦到，可以暢遊無阻，否則真是有損無益。」

「基本條件如何？」我問。

「出外旅行，無論是國內或是國外，尤其是作世界的旅行，必須備具這幾個基本條件。第一是**身體的健康**。我所謂身體的健康，不是指普通人的不怕熱，不怕冷，或者不怕危險，就可以說身體的健康。我說的身體健康，是天然的抵抗力，無論怎樣的生活起居，怎樣的習慣，總可以受得住，這樣，才配得上說身體的健康，才可以應付一切。除了身體的健康外，第二是要有**充分的時間**。我們有職務的人，倘使為時間所限，不能夠利用充足的光陰去觀察一切，則所得亦是有限。匆匆過眼，走馬看花，有什麼意思呢？第三是**經濟充裕**。有了時間了，如果沒有錢，也不容許你多所留戀。同樣一個歐洲，生活程度的高低，差得很遠。有幾個國家，比較生活低廉的國家貴四、五倍，有的貴一、二倍，譬如荷蘭的生活程度，就絕對不能和捷克相提並論了。在物價高昂的地方，花幾毛酒錢，是很平常的；可是這幾毛錢，到低廉的地方，就可以過一天。所以經濟問題，應得詳細籌畫，寧可多加準備，不能缺少。第四就是**常識豐富**。各國的風俗習慣、禮貌是絕不相同的，我們都應該知道，不然，到這裏是行的，到別處就發生困難了。入國問禁，這一句話，是很對的，尤其是中國人的習慣，和歐洲人相反的地方太多，我們格外應得加以注意。現在拿奧國說，奧國的男人，遇到貴婦人，最上的敬禮，就是親她的手，嘴裏還要說我親你的手，這才足以表示敬意；如果在中國，這不是重大的污辱嗎？這是很普通的，其餘普通科學常識，格外要緊，因為我自己有相當常識，我所看得到的，看得懂的，也比較的多。第五是**普通的胃口**。我們到外國去，在輪船上，在火車上，他們所有的飯食，大致都能適合普通的口味，不成問題。但是到某一個國內，往往一地有一地的特別口味，沒有普通胃口的人，是喫不慣的；一定要倒胃口。飲食是極要緊的，如果倒了胃口，精神也就疲倦了，做事參觀，都沒有心情了，這樣是不行的。我認為旅行的人，應該有普通胃口，無論味美與否，總能喫得下才好。以上所說的五項，是第一個基本條件。」

「此外還有些什麼要緊的事情呢？」

「就是方言問題。關於方言，除日本言語外，如果一個人能夠通曉英，德，法，西班牙諸國言語，可以周遊世界，通行無阻。西班牙在海上的霸權，有歷史上的關係，是

黃伯樵先生在「勃來盟」輪留影

未可忽視的；所以西班牙的語言，也很要緊。至於荷蘭，懂英、德文的人很多，我們到荷蘭去，儘可以週轉。」

「第三個如何？」

「到外國去，最重要的，莫過於護照。關於簽護照的手續，以我的經驗看來，最好還是在國內辦妥，因為到外國去辦，一來幣價高，並且因為言語不通的關係，也許還要請翻譯，這樣，就不合算了。簽照的先後，和遊歷的程序，很有關係，譬如我們出遊，假定要走過十七、八個國家，我們就應當擬定一個行程表，在某時到某國，在某國停留多少時候，均須一一擬定。我們簽護照的先後，就照這個行程表為標準，這樣善為支配運用，最為妥當。到俄國去，簽一張護照，甚至於要花兩、三星期的功夫，所以應當格外注意。總而言之，最後去的國家最後簽，行程如不變更，是萬無一失的。」

「簽護照，的確是一件麻煩的事情，尤其是到俄國，不知到要費多少手續，我看到許多遊記，都是這樣說的。先生主張簽護照的先後，以行程為標準，這是再妥善沒有了。」

「護照問題談過，我要告訴你的是旅行衣箱。衣箱似乎以中號小號的最為相宜，大衣箱就太累贅了。有許多人帶大衣箱吃了不少虧；吃虧的原因，是大衣箱不容易裝在汽車裏。我們到了碼頭，如果是小號衣箱，向車裏一放，立刻就可以出發，大箱子就不行了。並且美國到處要花小費，每給一次小費，就是美金二角五分，一只大衣箱叫人拿，一上一下，都要給小費，如果幾次上上下下，就是好幾個美金二角五分，不是要好幾塊中國錢麼？倘是小箱子，就不妨自己拿，毋庸煩勞他人了。還有箱子的拉手和鎖，要格外堅牢，因為船高岸低，輪船到了碼頭，大批的箱子，總是從上面滑下來的，如果不堅固的話，恐怕箱破物散，真是不可收拾。我這次出國，在上海某公司定製衣箱兩只，情願多花幾個錢，叮囑他們做得堅固些，可是他們認為已經很堅固了，就將這箱子交給我。後來到了倫敦，箱子破了，只好去修理，修理的費用，如果折合華幣來算，簡直比買一只新的還要貴，這豈不是一個笑話？另外在箱上應當做一個顯明的標識，最普通的是用白漆寫自己的名字，到了驗關時，可以一看即知。」

「以下所要告訴我的，是什麼呢？」

「第五個條件，就是所謂旅行設備。環遊一年，四季衣服，必須齊備，因為在路上換季，換得很快，尤其是在海洋中寒熱流交界的地方，僅僅乎隔了一天一夜，氣候就相差得很厲害，所以春夏秋冬，四季的衣裳，應該準備齊全。除衣服而外，旅行所需的東西，如望遠鏡，攝影鏡箱，藥品鞋襪等等，在出發的時候，均須一一注意。提起鞋襪，在中國置辦，比在外國買價錢公道得多。提起鞋子，又有一點，應當注意，我們南方人腳比較小，外國人腳比較大，在外國要買尺寸相巧的鞋子，並且很難買到。此外如旅中必需的便帽，毛毯，電報掛號和電碼簿指南針，以及介紹信等等，格外應當隨時準備。

如果每到一地，均有熟人來招呼，一切參觀遊覽，當然便利得多，於時間和經濟二者，必可節省不少。至於我們所需要的朋友，應該熟悉當地情形，什麼事情都知道，如此方可得到實益。還有一點，我們應得留心，就是所攜帶的東西，除衣服外，如望遠鏡這一類的，萬一是簇新的或者有了兩只，關吏也許疑心帶來販賣，是要完稅的。就是新的衣服，頂好多穿幾次，免得臨時發生麻煩。」

我聽了上面一段話，我很佩服黃先生的精細——好像是很普通的事情，但是仔細一研究，是絲毫不錯的。

黃先生繼續說：「第六個條件，是旅行的伴侶。一個人單獨旅行，是太寂寞了。人太多了又有害處，因為人多意見也多，等到意見相左，就發生問題了。我的意思，是有二、三個志同道合的伴侶，有許多事情，可以討論，在長途中，大家都免得寂寞。如果同遊的人數太多了，不妨推舉一個領袖，一切的事情，絕對的受指揮。外國人團體旅行，有所謂『旅行元帥』者，就是發號施令的旅行領袖。第七個條件是錢幣。以我的經驗看來，旅行時用錢，最方便莫過於用旅行支票。在歐洲用通濟隆的，在美國用運通公司的，都是萬無一失。他如上海銀行中國銀行的匯信，也很方便。要到德國去，現在可以買登記馬克，其價格比不登記的相差三分之一，在上海各大銀行均也可以買到，不過使用登記馬克，是有限度的，每人每日以五十馬克為限。」

黃伯樵先生參觀德國環城鐵路

我說：「這一層倒要注意的。」

「第八個條件，是要帶地圖，不但外國他圖應多帶，就是中國的地圖，也是必需的。據我所知，中國的地圖，以丁文江，翁文灝，曾世英三先生合編的中國分省新圖最精確又最切於實用。（記者按：此圖為申報館出版，定價每冊三元。）我們帶了世界地圖，在船上就可以利用時間，仔細研究，大有利益。至於中國地圖，有的時候，外國人和我們來談話，問到什麼偏僻的地方，萬一不知道，豈非是笑話？所以也應得準備著。除了地圖而外，關於名勝導遊，風景畫冊等等，也可以備置，隨時參考。這些書，中國旅行社已經出得不少，是很適合需要的。在外國，出得格外多，文字簡明，圖畫精美，所有遊程及費用，都記載很詳盡的，我們一看即知。」

我說：「中國旅行社出的導遊專書，以中文

的為多，但是美國芝加哥開博覽會的時候，我們也印了十幾萬的英文小冊子去分送，最大的目的，是闡揚中國名勝。」

「那是很有意義了。現在我要說的第九個條件，是旅行的時期。出外旅行，當然是春秋兩季最好，但是氣候是隨著行程變更的，譬如我們在夏威夷，是風光明媚，氣候和煦的春天，不隔幾天，船到了加拿大，天氣便變得異常之冷。身上穿的衣服，一月中要換好幾回，一年中要度幾個春夏秋冬。倘使我們遊歷的地方不多，或者路程不長，還是在春秋兩季動身最好。」

「衣服不能多帶，氣候又這樣變化得快，我們要用什麼方法來解決呢？」我這樣問著。

「我們只好拿外套做伸縮餘地，因為在屋子裏有火爐的或者有熱汽爐的，總有辦法，到屋外去，天氣奇寒，非借重外套不可，所以外套要備得溫暖一點。北美北歐，天氣總是酷寒的，去年冬天，我在奧國，最冷的氣候，曾到過攝氏表零度以下三十度，那種嚴寒，也很可怕了。」

「第十個條件是什麼？」

「第十個條件是旅館須知。現在歐洲鬧著不景氣，經濟壓迫得厲害，差不多個個人都受著影響。旅館也跟著不景氣，價格很有上落。譬如瑞士，是吸引遊客金錢為生的國家，政府因為幣價高，所以通令全國旅館一律跌價，並且劃一旅館的價格。但是事實上，旅館的設備有好壞，資本有大小，不能完全以床位為標準，所以發生了許多其他附加的開支。」

我問：「旅館有什麼附加的開支呢？」

「名目很多，譬如燈火外加，風扇外加，熱汽爐外加，到了結賬時，一定有許多出乎預算的開支。為妥當計，在投宿旅館的時候，應得先問一聲有沒有附加費。不過德國的旅館，較為妥善；德國的旅館，訂了幾條簡單的規則，印在一張紙片上，交給旅客收存，在晚上可以作為出入證，吃東西也憑此紙簽字，算賬時又免得爭執。這張顧客證的作用，倒很不錯的。這是在歐洲的情形，在美國則不然。美國的旅館，並不巧立名目，無論電燈、電扇、熱汽爐，都是一切包括在內。最後還有一點應得說明，就是房金結至何時為止，最好先問清楚，否則過一分鐘，就要多花一天房錢，不是很為難麼？」

黃先生所告訴我的十個條件，是很有價值的。旅行的人們，無論到什麼地方去，都應該予以深切注意，或者作為參考的。

我想，關於外國旅行機關，發展的程度，當然很快，我於是乎繼續發問：「外國的旅行機關，發展的程度怎樣？」

「最早的旅行機關，當然是通濟隆了。但是在歐洲大戰以後，各國的旅行事業，忽

「香霍斯脫」輪夜景

然發達起來。現在像倫敦，巴黎，柏林，羅馬，維也納這幾個有名的都市，繁盛的街道上，都有旅行機關，大半是國家主辦的，結果通濟隆受了很大的影響。」

「通濟隆受了什麼影響呢？」

「因為通濟隆的分公司，凡是全世界的大城市，都是有的，現在各國的政府，既然自己有了旅行機關，旅客如果到某國去，非到某國的旅行機關去接洽，不能得到便利。如說，我們現在要從德國到俄國去，關於買票辦護照等事，我們當然到俄國的旅行機關去接洽，因為俄國的政令，法制，不時變更，也只有俄國的旅行機關格外明瞭。到別個旅行機關，或者覺得放心不下。並且還有一層，同一臥車，如果歸本國旅行機關管，我們定車位，所得到的，必定很好，否則到別家去定，未必能定這樣好的，現在各旅行機關暗鬥很力，無非在這地方著手。我看各國設立旅行機關，固然是吸引遊客的金錢，同時也可以說統制旅客，是政治上的一種副作用。」

「現在通濟隆的營業，當然比較從前差得遠了。」

「是的，通濟隆的總機關，是在倫敦，是一座很宏偉的房子，有十層高，各部份辦事，非常忙碌。在生意好時，電梯上上下下，同時有三千個職員在裏面。前年我去參觀時，由通濟隆總經理招待，我看見的職員，已經很多了；可是問了他，才知道不過一千五百多人，僅僅乎及到繁盛時二分之一。最大的原因，是各國競設旅行機關，生意被別家搶去了。」

我問：「近來各國的大城市，不是盛行所謂遊覽車 Sight Seeing Car 嗎？他們的組織和營業好麼？」

「你們旅行社，北平分社，不是早就辦遊覽車麼？（記者按：本社北平分社有遊覽車。）在外國，這種遊覽車，是完全為新來旅客做一種遊覽設計，車子可分為兩種：一種是小客車，就是普通的汽車，專供私人遊覽用的，有指定的車行可以租用。還有一種是大客車，可以坐許多人的。所有全城的名勝，在一天或者兩天裏可以一覽無餘，有專員嚮導，是很經濟而又極便利的。這些組織，多是旅行機關兼辦的，不過還有單獨組織公司委託各大旅館代為兜攬生意的。旅館方面也很樂於介紹，因為可以得到百分之五的佣金。遊覽的程序，多分為若干路線，城內城外，以及四郊，都一一支配妥當。旅客一天所花的飯錢，咖啡錢，和博物館的門票，通通包括在車錢以內。遊覽車的事業，固然發達，不過也有困難，大概春秋兩季，生意頂好，夏天和冬天，遊客比較稀少，湊不滿半數時，這些車子，也只好不開了。」

最後我又問：「先生除了考察交通事業而外，其餘社會上不景氣的情形，和二次大戰爆發的恐怖，見聞所及，能約略見告麼？」

「經濟的恐慌，是已經普遍了全世界。就拿美國來說，我在民十九年去過的，去年又去，一切的情形，大不相同了。第一個感想，是美國的公共衛生，向來很好，現在有的不大很妙。華盛頓是美國的首都，以整潔著名，道路尤其可觀，但是現在，卻與前相反了。公園中的柏油馬路裂開了縫，也就任其自然，並沒有修過。環境的一切，目前也不及從前那樣乾淨。至於失業者，更是衣冠不整，隨處可見。美國在百般設法復興的政策下面，失業者還有一千一、二百萬人之多。極大百貨公司，——比上海百貨公司有十倍大——顧客也極端零落，寥寥可數。喫東西當然不能講究，大多數的人，多到自動飲食店去喫，因為價錢很便宜而且不要小費。自動飲食店在美國固然很多，現在歐洲也盛行了。還有一般人，沒有錢過日子，就把日用的東西去拍賣，這真是可憐極了。政府的官吏，大學教授，工程師，以及公務人員，已經有好幾年不能發全薪，一律打折扣，大家都鬧著窮慌。以上所談的，是社會不景氣。提起戰爭，可以說個個人是害怕的，不過有許多嚴重的消息，都是販賣軍火的與製造軍火的所造出來的謠言，也不能盡信。總而言之，現在歐洲各國，天天備戰，東面是火藥庫，西面也是火藥庫，只要有一點火星，也可以立刻爆炸。何況現在殺人的器械，格外厲害，說句不幸的話，大戰開始，悲慘的局面，我們也不忍說下去了。」

※

兩小時不足的談話，使得我也環遊歐美一周，精神上的愉快，是不必說了。黃先生有巧妙的詞令，和藹的容顏，說話時所用的語句，形容得恰到好處，令人為之神往。

這一篇訪問記，和以前的八篇訪問記，有些不同的地方；就是以前的八篇，是注重於旅行生活，這一篇所說的，是切於實用的旅行常識了。

末了，我要聲明，我每天有許多固定工作，沒有閒暇寫文章。這一篇東西，是有空即寫，有事即停，雖然是寫了兩個星期，但是把時間合併起來算，實在不足三小時。因為斷斷續續的關係，精神不能貫注，記憶力也漸漸薄弱，非但不能把談話的原意，充分表顯出來，恐怕還有許多錯誤，這是於萬分感謝之餘，不能不向黃先生表示歉意的。

王　正　廷

王正廷（1882-1961），字儒堂，浙江奉化人。先後就讀於北洋大學預科，及北洋大學法科，曾於海關工作，後返天津隨坎特教授（Percy H. Kent）習法律。1904年，擔任湖南高級中學英文科主任，後赴日本籌設中華基督教青年協會分會；1907年，赴美國密西根大學及耶魯大學深造。辛亥革命後，擔任臨時大總統外交部議和參贊；1913年當選參議院議員，並被推選為參議院副議長；1922年，奉派與日本公使洽商德國在山東權益歸還事宜；次年任外交總長，青島依約歸還中國；1924年10月31日，以外交總長兼任財政總長，次月交卸。1925年任隴海鐵路督辦；1928年至1931年，任國民政府外交部部長；1936年奉派為駐美大使；王正廷先後兼任中國紅十字會會長、交通銀行董事、菲律賓交通銀行董事長、太平洋保險公司董事長等職，並為我國第一位國際奧林匹克委員會委員。1961年逝世於香港。

十、王正廷（儒堂）先生訪問記

王儒堂先生是一位旅行家，不僅是在國外遊歷了許多國家，便是在國內也到過很多很多的地方。王先生的公私事件，非常忙迫，可是在百忙中，仍應允記者，作了下面片段的談話。

王先生的口才，是大家都知道的，他接見記者時，第一句就很鄭重的說：「旅行是有益的。旅行就是讀書。俗語說，百聞不如一見，我們仔細研究這一句話，覺得一點兒都不錯。」

「旅行就是讀書，真是至理名言。讀書而不旅行，所得一定不廣。」我繼續說著。

「不錯，尤其是年紀較高的人，根本沒有機會去讀書，要增加知識，非出去旅行不可，你要知道，我們所花的旅費，就是學費，旅行的人，一方面固然是遊水玩山，另一方面，應該注意風土人情，經濟狀況，教育情形等等，各人就各人思想所到，或者歡喜研究的各點，分別去看，仔細研究，所獲得的材料，一定不少。近來各地旅行的風氣已經漸漸地普遍了，從前到各地去旅行，交通不方便，食宿不完美，所以比較起來，是一

旅行中之王正廷博士

件苦事。現在政府極力提倡建設公路，開闢風景區，已漸有成效，貴社也在各處辦招待所，為旅客謀便利，所以旅行事業的發展，一日千里，前途希望無盡。」

「近來旅行的人，多主張到歐洲去；因為歐洲所看見的，都是古色古香，無論什麼東西，好像有深長意味似的。美國所有的，是現代物質文明，所見到的是高聳入雲的建築，同樣是旅行，到美洲還不如上歐洲，先生的意見如何？」

「此言誠是。不過我以為旅行的目的，不僅在乎看山遊水，專門側重美麗悅目的景色；卻也當注意所到地方的其他各方面。類如地方上的人情風俗，甚至交通事業的發展情形，都應該加以觀察與研究。從古色古香方面說，美洲誠然不如歐洲，但是從科學文明上著想，旅行美洲也有旅行美洲所得到的妙處。若單就航空旅行說，那麼歐洲旅行，也可以到處看到飛機。不過從建築上觀察，歐洲美洲，確乎有不同的地方很多。」

「有人說，西湖山水明媚，果然比得上瑞士，但是西湖總覺得太小。如果把太湖闢National Park，則所有太湖左近的地方，像無錫，蘇州，湖州附近的名勝，包括在內，就可以與瑞士媲美，先生之意如何？」

「西湖當然算得是中國最美麗的遊地，範圍確乎不大，但是要把西湖四周的隣近山水，整個的劃成遊覽區，也足夠十天八天的遊覽。若把太湖區域闢為遊覽之地，美麗或許不如瑞士，範圍或比瑞士為廣。無錫、蘇州、湖州附近的名勝，固然可以包括在內，但予以為宜興一帶風景，足為太湖生色不少。宜興風景，在江南一帶，可算得很奇偉的。」

「吸引遊客，可以使得外國人明瞭中國實在情況，同時可以提高中國在國際的地位麼？」

「吸引遊客，當然可以使得外人明瞭中國實在情形，不過同時要因此提高中國在國際的地位，那是很難說了。誠然，北平的故宮建築，西湖的明媚山水，揚子上游之偉大風景，以至牯嶺，青島，莫干山之消夏勝地，當然早在外人欣羨之中，每每留連忘返。但是中國各地的名勝，往往任其荒蕪廢杞，不加整理，更無建設，若盡使外人一一觀光，殊不能博得良好的印象，可以斷言。希望國內足資遊覽之各處名勝，逐次加以整理建設，並當發展交通，如最近政府對於黃山之建設與交通之開闢，便是正當的辦法。」

「我們到陌生的地方去，要觀察一些真相，用什麼方法入手？」

「第一，自當充分明瞭這一地方的地理，人情，風俗。其次自當設法請由當地人士代為嚮導。即使不能，至少也得覓著熟悉該地情形的人士，做你嚮導，然後按圖索驥，不難收事半功倍之效。」

「先生最近有南洋群島之行，印象如何？」

「予前次出席國際扶輪會遠東大會，首至菲律賓，繼遊南洋一帶，如新加坡，

圖中有X者為王正廷博士。遊覽青島嶗山時留影，王氏左首第一人為青島市長沈鴻烈，執芭蕉扇者為王曉籟君，右首二人為潘公展、劉雲舫二君。

爪哇，越南等處，亦均到過，所得印象甚佳。深覺南洋一帶人民，多能刻苦耐勞，更覺地方物產豐富，人民體格強健。各地僑民，多具愛國熱忱，若與祖國切實合作，非但在生產上可獲佳果，即從民族上言，亦足為祖國增光不少。因為南洋一帶的僑民，頗不乏運動能手，足以代表我國強健的種族。」

「先生歡喜看山麼？瑞士的山和中國的山作一較如何？」

「予生平頗喜看山，但是我以為端士的山不能和中國的山放在一堆裏比擬。因為瑞士的山，都是聚在一處，宛成了一個園景似的山景。中國的山，卻是散在各省，到處皆有，範圍之廣，無以復加。中國的山，各有其美。中國一句老話說：『五嶽歸來不看山』，這當然是指五嶽的奇偉，但是桂林的山和西湖的山，那又各極其秀麗，或許在瑞士山景之上了。」

「旅行是人人應有的享樂，但是在中國，有錢的人才可以出外遊覽，我們要旅行大眾化，有什麼方法呢？」、

「予以為要使旅行能夠大眾化，第一要義是要發展交通，發展交通，當然是多修良好的道路。道路而外，更須多設公共汽車，車費價格，尤須低廉，如此而後一般民眾，可以不必耗費多量的金錢，同樣可以享受旅行的便利與快樂了。第二也得要喚起群眾對

於旅行的興趣，假令鄉曲之士，仍然抱著『老死不相往來』的政策，那即便有很好的交通，也不能使旅行群眾化啊。」

「美國現在盛行Streamline火車，中國有此需要麼？」

「美國的流線火車，在眼前的中國，還不需要。因為流線火車的速度，當然比尋常火車為高，但是目前中國鐵道，還不如美國大陸路線之長，並且不是雙軌，即便有了流線火車，也不能與尋常火車同時並用的。現在的唯一需要，還是要多造鐵路，流線火車之採用，還在其次。」

旅行非特可以怡情悅性抑
且足以增廣見聞故予生
平最喜旅行
旅行雜誌惠存
王正廷

王正廷博士為《旅行雜誌》題字

褚　民　誼

褚民誼（1884-1946），原名明遺，浙江湖州人。政治家、汪精衛政權要人，被國民政府認定為漢奸。1903年赴日本留學，學習政治經濟學。1920年與吳稚暉、李石曾在法國創辦里昂中法大學，任副校長。1924年在法國斯特拉斯堡大學獲得醫學博士學位，年底回國從事教育工作，先後任廣東大學教授、代理校長、兼任廣東醫學院院長。1940年3月底偽國民政府在南京成立，汪任行政院院長、褚任副院長兼偽外交部長，12月任駐日「大使」，1941年10月回南京復任外交部長。1945年10月14日在廣州被軍統局誘捕，1946年8月23日以漢奸罪在蘇州獅子口監獄刑場被槍決。在汪精衛政權中，他是和汪精衛、陳璧君接近的派系「公館派」的一員。

十一、褚民誼先生訪問記

褚民誼先生的太極拳，聞名當世已久，尤其是在京滬兩地幾千幾萬小學生的腦筋中，有深切的印象。許多人便上他一個尊號曰：褚太極。

其實太極拳，不過是褚先生小玩藝兒之一，和攝影，放風箏等等一樣。我所知道的褚先生，是一位旅行家。

凡是讀過褚先生《歐遊追憶錄》的人，莫不讚歎褚先生的思想縝密，觀察透徹。先生所作的遊記，除了描寫山川風景以外，還注意到風俗，人情，和市政教育諸端，並且他所說的，絕對不是一些膚淺的話，是的確有見地有價值的。在《歐遊追憶錄》中，我還記得褚先生寫巴黎水溝這一篇，說得很詳明，絕非單看表面的人所寫得出的。

褚先生在歐洲很久，是法國留學生的老前輩，照情理上說，褚先生的思想，行動，應該全盤洋化。但是先生的判斷力很堅強，好的當然說好，不好的也就痛下批評，這是和先生談話時隨時可以看得出的。

先生的足跡，遍歐美數十國，在中國則常經西徼流沙以至於天山之麓，長江、黃河、西江流域之地，無有不到過的。這七、八年來，褚先生為我們《旅行雜誌》，在百忙中，寫過許多文字，這是讀者和我個人所深深感謝的。

這一次同去訪問先生的，有家兄爾謙先生。家兄在歐洲也很久，關於法文的許多地方，均是他幫助我記下來的。

※

我要和褚先生長談，似乎應該有一個較好的題目，才可引起他的興趣，我遲疑了片刻，題目有了：

「褚先生，我看旅行還是在當學生的時候最有趣，因為行動總是很隨便的，興會總是最高的。我們今天就請褚先生先談學生時代的旅行如何？」

褚先生果然很同情，臉上浮著微笑，似乎回想他往年遊歷的生涯。他說：「在民國十三年的夏天，我在學校畢業，有一回長途旅行。這一次旅行的主體，是法國Mulhouse（注：米盧斯）中學，他們利用暑期的光陰，組織一個遊歷團，我和法國的同學，便加入他們的團體，還有Strasbourg（注：史特拉斯堡）大學學生一人在內，教職員，學生，和我們，一共就有很多的人。我們的行程，是從法國到瑞士，塞爾維亞Servia，保加利亞

Bulgaria，土耳其，過黑海，至羅馬利亞Rumania，匈牙利Hungary，奧地利Austria等處，再回瑞士而重返法國。簡單的說一句，這一次是南歐的旅行。」

先生說明了遊程，使得我腦筋裏印著一個南歐的輪廓，以後所談的，便是根據上面所說的地方。

於是褚先生繼續說：「這個時候，塞爾維亞和保加利亞的衛生程度，很不高明。他們所穿的衣服，都是土人裝束，鞋子尤其特別，是用一塊整皮包起來的。可是他們有一個民族館，把古時的服裝，鞋，帽，和一切日用的東西，甚至於很細小的東西，都陳列起來，單是鞋子一項，形形色色，就有幾千雙，這一種民族的觀念，極其應該欽佩的。我想，我們中國，也應該有這一種組織，方足以引起一般人的民族觀念。還有幾個博物館所陳列的，是破舊不堪的爛銅碎鐵，在中國，大可以拿來換糖吃，可是他們還是像寶貝似的將這些東西陳列起來，我們仔細一想，真有是深長的意義。」

我聽了這一段話，覺得我們平常所不需要的東西，便任意拋棄，等到後來要用，又大大的費事，花錢去買，真是太無計算，也許千百年後便是一件很有價值的古物呢！

褚先生好像有點感慨，繼續說道：「中國人如果不看戲，中國古時代的服裝，恐怕就難以懸揣，然而這些戲裝也不過是一點意思，古代的裝束，是否如此，真教難說。我想中國幾個大城市，應該有這種組織，把幾千年來的服裝用具，一一陳列起來，豈不是洋洋大觀？更進一步講，就縱的方面說，應該把古時到現在的服裝搜羅起來，橫的方面，應該把各地的裝束陳列一處，於是乎古今風俗人情，不難在一室之內，加以研察。至於首都上海兩個城市，因為國際觀瞻所繫，除了以上所說的縱橫兩方面應該搜羅外，世界各國服裝，也應搜羅陳列。」

「在目前情況之下，中央與地方，均無暇及此，只好徐以圖之了。」我笑著說。

褚先生也笑了一笑。

我問：「先生這一次旅行，關於食宿費用，比較現在的歐洲如何？」

「那時正是暑假，各地的學校，多已放假，我們這一個團體，到了一個地方，就借住在學校內，所以費用很省；每人大概總共花了一千多法郎。假使單獨旅行，如果舟車

褚民誼先生和旅行團一行人出發時情景

以二等為標準的話，恐怕要八、九千法郎才夠，現在再去走一趟，那是格外貴了。」

「此行經過，後來怎樣呢？」

「塞爾維亞的學生到法國去留學的很多，習醫的也不少，我去時，大家都很接近，談得很投機，他們見了東方人，也極其感到興趣。我們離開了塞爾維亞，就到了巨哥斯拉夫 Yugosla-Vie（注：法文，今譯為南斯拉夫）的 Belgrade（注：貝爾格勒），住了兩天。後來到保加利亞的京城 Sofia（注：索菲亞），又住了兩天，Philippopolis（注：普羅夫迪夫）住了一天。最後去遊覽土耳其的京城君士坦丁 Constantinople，住下了四天。君士坦丁這個城市，街道比較好一點，但是我們一路旅行，所有車裏，和寄宿的學校裏都有臭蟲。」

「歐洲的臭蟲，大概也很厲害罷！」我笑著問。

「真厲害，保加利亞的 Philippopolis 火車裏臭蟲很多，同去的人，都咬得一塊塊發腫，尤其是女人們，袒了酥胸，臭蟲就向這一處進攻，結果，所有女人的胸部一律都紅了。至於男人，雖然不袒胸，但是領頭上面咬一圈，袖口底下咬一圈，也很難受。你要知道，從來沒有被臭蟲咬過的人，真有些受不了。我呢，因為在中國嚐過這種滋味，曉得臭蟲的巢穴，是在車廂的壁上和凳子上，所以我始終站在火車中，臭蟲不容易向我侵略，受害尚小。」

褚先生說話的神情，有點幽默，我們都笑了。

保加利亞京城 Sofia

褚先生又說道：「保加利亞和中國一樣，晚上睡的時候也蓋被，可是這條被始終不換，免不了有些氣味。毛廁實在髒得可以，一直到了瑞士，方才知道瑞士廁所的清潔。我常說，文明程度的高下，應以廁所為標準。在塞爾維亞和保加利亞的時候，未到廁所，已聞其臭；在瑞士，是相反的，就是到了廁所，而不聞其臭。」

我問道：「土耳其的風物如何？」

「土耳其的京城君士坦丁在歐亞的中間，頗有東方氣味。有幾個教堂，規模很大，建築方面，是歐亞混合的作風。我還記得，君士坦丁有很寬很長的大橋，過橋時要收費，來去均收買路錢。還有，我到君士坦丁時，土耳其的人還是戴紅帽子，全市的人，都是一片紅色，我也買一頂紅帽子戴起來，恐怕這一頂帽子，現在還可以尋得出來。」

「先生到土耳其的時候，基瑪爾苦幹的程度怎樣？」

「土耳其受英法的影響很大，尤其是法國，在土耳其開的學校很多，我到君士坦丁時，土耳其正鬧著收回教育權。我們住在法國軍營，參謁皇宮，一切都很滿意。土耳其空氣清潔，天氣乾燥，又沒有霧，可以望遠，風景很佳。上海方面，就是因為多霧，所以不能望遠。」

「離開土耳其後，到什麼地方去呢？」

「從土耳其坐船過黑海，就在Rumania（注：羅馬尼亞）的Constanta（注：康斯坦察）上岸，經過Bosporus海峽（注：博斯普魯斯海峽，又名伊斯坦堡海峽），便到了Rumania的京城Bucharest（注：布加勒斯特）。這個地方，大半說法文，

法國駐土耳其大使館大門前
及大使館之侍從

並且有法國學堂。我們到時，他們開一個茶會歡迎，我結識了一個朋友，一直到現在為止，我們還常常通訊。這個朋友，就是博德尼律師M. Boteni，他有兩個女兒，大的約八、九歲，小的約六、七歲，聰敏伶俐，很為可愛，已經會彈琴歌唱，現在聽說在巴黎讀書。Rumania的行宮，建築得很偉大，是歐洲氣派。我們並且參觀了許多煤油礦，煤油井到處皆是，美國人投資的很多。」

「以後就是到匈牙利麼？」

「是的，匈牙利是被成吉思汗征服過的。匈牙利的人，就是到現在，面部還有一點黃種的踪影。京城名Budapest（注：布達佩斯），建築在江邊，是兩個地方，中隔一江，合而為一的。其形勢彷彿中國的漢口和武昌，也是隔了一條江，混合起來，可以名為武漢。匈京的建築物，非常偉大，完全是歐洲的作風。在匈牙利遊歷後，就坐船到奧國的京城維也納，維也納我是去過的，這回遊歷了一天，於是乎到了瑞士的Zürich（注：蘇黎世），明媚的山，蕩漾的水，簡直和中國的西湖一樣。我們這一行人，就結束了遊程，計算起來，周遊了二十幾天。」

「先生畢業後有此壯遊，當然很暢快呢！」我笑著說。

「我得醫學博士外，還學一點藥學，等到得了藥學士後，我就準備歸國。我還記得是十月廿五日動身的，到十二月廿三日才到香港。當時打算就還上海，但是為廣東朋友留住，這一年十二月卅一日，我在廣東結了婚。當時廣東大學校校長鄒海濱先生到北平去探望總理的病，教我代行校長職務。鄒先生走後，到十三年北伐軍出發，我方始離開廣東，由西到了南昌。我自從十三年去廣東後，至今還沒有去過。」

「先生歸國後，不是又上歐洲去麼？」

「是的，民國十九年比國 Liege（注：列日）開展覽會，政府派我去參加，我就借此機會，再旅行一趟。這一次的行程，是在歐洲上面兜了一個圈子，完全是遊歷北歐。遊程是這樣的。自比國的 Liege 出發，到 Cologne（注：科隆），柏林，漢堡，均是德國的地方。從德國到丹麥的京城 Copenhagen（注：哥本哈根），瑞典的京城 Stockholm（注：斯德哥爾摩），和 Liga 及德國的屬地 Königsberg（注：柯尼斯堡），這個地方，雖然是屬於德國的，但是並不和德國的本土相聯。」

「這是什麼緣故呢？」

「Königsberg 是大哲學家康德的故鄉，因為和約的關係，雖然是屬於德國，但是和本土是截斷的。在康德的故鄉停留後，又去遊 Warsaw（注：華沙）和捷克的京城 Prague（注：布拉格）。自捷京到 Dresden（注：德累斯頓），經過 Frankfurt（注：法蘭克福），從此城可以坐船沿萊茵河到德國的 Cologne。又回到出發地。」

我問道：「這一次的遊歷，有什麼感想呢？」

「我過 Dresden 時，地方上剛開一個衛生展覽會，去參觀了一回，見到各種模型和圖表，非常之有意思。Frankfurt 地方有中國學院，有著名的教堂，還有很長的橋，過橋時也是要錢的，和土耳其京城君士坦丁一樣。萊茵河有一張很長的圖，是描寫萊茵河沿河兩岸的建築，極便於旅行的人，我也有一張，可惜一時尋不出來，倘使在《旅行雜誌》製版登出來，一定很有興味的。我這一回旅行，除維也納和德國是舊遊之地外，其餘的地方，均是第一次遊覽。」

「瑞典的京城 Stockholm，比較其他各國如何？」

「Stockholm 真是好極了，連舊房子都沒有，並不是完全是新建的，因為舊房子每年都油漆一次，所以煥然如新。門和窗子都作紅色，樹木也很繁茂，家家門口還插一面旗，真是一種昇平氣象。瑞典已經有二百多年沒有戰事，固然無內爭，同時也沒有外患，所以一切發達。可惜人口少，但是人口又何必多呢？人工不夠，就可以利用機器。在瑞典的東方人極少，南歐的人也不多。」

我們聽了瑞典的情形，於欣羡之餘，不禁有些喟然！

「先生回國時，由海道從威尼斯動身麼？」我問。

「不，我是在這年十一月裏從美國回來的。美國的情形，可以說各處是一樣的。試問紐約和芝加哥有什麼分別呢？幾十層的房子，流水般的汽車，忙忙碌碌的人，紐約和芝加哥，簡直是相同的。歐洲是古色古香，不用說南歐和北歐是不同，就是各地也不同，城內和鄉下也有分別的，所以在歐洲旅行，是比較有興味的，遊覽美國，只須看幾個大城就夠了。」

※

我們和褚先生談話，大約一小時的光景，天色已近黃昏，秋天本來是日短的。褚先生在一大堆畫冊裏，為我覓取照片，在旁邊的，有褚先生的女公子，活潑聰明，極為可愛，大約是四、五歲的光景罷！我心裏想，這好像 M. Boteni 的女公子罷！將來一定是很有希望的，可惜褚先生沒有開茶會歡迎我們，一笑！

我們捧著一大堆的風景畫冊，驅車歸去，冷落的馬路上，飛著梧桐樹的黃葉，令人感覺著無限的秋意。

黃　炎　培

黃炎培（1878-1965），字任之，江蘇川沙縣人。教育家、實業家、政治家，中國民主同盟主要發起人之一。1901年，入讀南洋公學特班，習外國語及經世之學，時特班教習為蔡元培。1905年由蔡元培介紹加入中國同盟會。民國初，任江蘇省教育司司長，籌辦東南、暨南、同濟等大學。1917年黃炎培先生聯合社會知名人士蔡元培、梁啟超、張謇、宋漢章等48人於在上海創立中華職業教育社。1938年為國民參政會參政員。1941年發起中國民主同盟並任第一任主席；1945年他創立中國民主建國會並任第一任主委。中共建國後，任中央人民政府委員會委員、政務院副總理，輕工業部部長。中國人民政治協商會議第二、三、四屆全國委員會副主席。1965年12月21日逝世於北京。

十二、黃炎培（任之）先生訪問記

黃任之先生是一位旅行家，我想凡是和黃先生認識的人，誰都應該承認的。在十七、八年以前，我在中學裏讀書的時候，便愛讀抱一先生的遊記，抱一就是黃先生的筆名。

最近十四年來，因為服務《申報》的關係，時常和黃先生見面，可是匆匆相逢，沒有長談的機會，然而黃先生誠摯的態度，和靄的容顏，使我常有深刻的印象；尤其是黃先生在談話時帶一點風趣，格外令人愉悅，好像讀明人小品一樣。

此次訪問黃先生兩次：第一次是和瞿紹伊先生同去的，說明了來意，黃先生便告訴我關於他生平旅行的事情，可惜沒有記下來，有許多是非常有趣的。第二次約在地方協會相見，談的時間很久，先生口述，由我隨時記下來的。

※

「先生的對於旅行的興趣如何？有什麼感想？」我首先發問。

「我對於旅行，是感著極大的興趣。」先生的神情，是和靄而慈祥，微笑著說。

「我以為在此刻時候，旅行是值得用力提倡的。因為我們感覺到從家庭出來，要達到國家的路上，再進一步，走上世界的路途，第一個條件，是要眼光遠，眼光如何而後遠？惟有旅行可以得到。尤其是我們中國人，特別需要旅行，因為中國區域廣袤，民情複雜，如果要明瞭自己國內的情形，非先去旅行不可；至於國外，語言風俗，種種不同，要研究體會，自然格外要去旅行了。不過旅行有幾個最低的必需條件。」

「必需的條件如何？」

「第一：我們預定到某地去旅行，在出發之前，對於某地的情形，應該經過一番切實的研究，大致總要曉得一點，等到親歷其境，方不致於茫無頭緒，否則緊要的地方忘記去看，將來後悔莫及。第二：我們所旅行的地方，感覺興趣的，非但山川景物使人流戀而已；還有當地的歷史和人物，也應該曉得。過去的某項事件，前後經過如何？有何重大關係？過去的某種人物，生平有何貢獻？發生何種價值？均要有深切的認識，然後身臨其地，才能流連景仰，奮發有為。至於普通條件，如本人的體格，相當的設備，伴侶的結合，那是大家都知道的，不用細說了。」

「先生生平周遊國內外，足跡所到的地方，能約略見告麼？」

先生微笑道：「提起我的旅行成績，如果拿我原定之計畫來對照一下，恐怕所達到的，不過百分之五十光景。在國內，雖然有好多省份去看過，但是現在拿廿八個省份計算起來，未到過的，也還有八個省區，就是四川，廣西，貴州，甘肅，新疆，寧夏，西康，青海。至於蒙古西藏，我也未曾去過。」

「國外呢？」

「講到外國，是歐洲，非洲，澳洲皆未去過。」

「先生旅行各處的前後經過，大概是很有趣味的。請簡單的說一說。」

「最初的時候，我是在江蘇本省調查各縣的教育，差不多江蘇各地，我所到過的，已有三分之二以上的縣份，這還是民國以前的事。民國三年，我交卸了行政職務，決心去調查各省的社會情狀，因為我們要改革一件事情，必定先要去調查清楚，否則無從著手。當時所到的地方，如長江、黃河下游各省，曾經編印過教育考察日記。後來民國四年到美國去，這一次機會很好，遊歷了美國廿五個大城。……」

我聽了很欣羨，我說：「恐怕許多留美學生，讀了幾年書，也走不了幾個大城，先生走過這許多大城，當然很感興味哪！」

黃先生笑道：「有許多美國留學生和我談美國的情狀，他們知道的，還比不上我，我好像美國的老留學生呢！」

我忍不住笑了。

黃先生繼續說：「我從美國回來以後，又到過菲律賓，日本，也有教育考察日記發表過。還有一點，我可以告訴你，在前清光緒廿九年的時候，我亡命日本，這可算最初的旅行。民國六年以後，我遊覽南洋群島，前後有五次之多，所有英，荷，法，美各國的屬地，我都曾到過。」

「是些什麼地方呢？」我問。

「菲律賓，馬來亞，新加坡，檳榔嶼，安南，暹羅，緬甸，爪哇，蘇門答臘，我都到過。南洋群島中只有兩處不曾去過，就是婆羅州和西利利斯。我遊歷南洋，前後也有許多紀錄，可惜當時不曾整理，未能就正於國人。除此以外，我還有一個旅行的機會。」

黃任之先生近影

「什麼機會呢？」

「在民國初年到民國十四年的光景，每年總開一次全國教育會聯合會，這會是每年在各省輪流開的，我多數代表參加，這樣，就有了周遊各省的機會。」

「先生不是說不曾到過歐洲麼？歐洲的國家，多是古色古香，很有趣味，為什麼不去遊覽一回呢？」

「是的，歐遊的機會是有過的，可惜票已買好而未能成行。事情是這樣的，在民國十六年，我決定到歐洲去，準備走西北利亞鐵路先到俄國，當時護照簽好，票已買好，並且結伴同遊的是劉瑞恆先生。不料當時中俄發生一樁問題，恐怕影響到旅行，臨時外交部打電報來，叫我們不要去。這是我生平最大的缺憾，尤其是簇新的國家蘇俄，關於各種建設，都不曾看到。」

「先生不能到歐洲去，當時預備到何處去遊歷呢？」

「當時既不能到歐洲去，我就改變方針，要想將中國周圍有特殊關係的地方，像朝鮮，台灣，菲律賓，暹羅，緬甸，印度等地，去旅行一次，這許多地方，有去過一二次的，還有不曾去過的，我預備每一個地方，寫一本書。民國十六年，我就先到朝鮮，朝鮮在民國七年的時候，我已經去過一次，這回可算是舊地重遊，格外看得清楚。於是乎在朝鮮京域和大連兩地的圖書館中，得到關於朝鮮的參考書百餘冊，搜集著很多的資料，寫成了《朝鮮》一本書。這書是在商務印書館出版的，不過在『一二八』時殉難了。」

「其他各處呢？」

「其他各地，以後就沒有機會繼續再去，至今仍耿耿在懷！我覺得最使我留著深刻印象的，是民國廿年的黃海環遊。這是第三次遊遼東，和第三次遊朝鮮。回來後寫過一本《黃海環遊記》。不到半年，九一八的事變發生了，在我這本書中，有許多陳述，是不幸而言中，這一次的旅行，真使得我永遠不能忘記。」先生說完後，有無限悵惘的心情。

初冬的天氣，日晷是很短的，我們談了許多時候，看看窗外，不知不覺的天已黑暗下來。我想還有許多問題要問呢。我再問道：「五嶽，先生都遊過麼？」

「我生平遊涉山水，並不能算多，五嶽我僅登過兩嶽，就是泰山和華山。不過在廿二年以前（即民國三年）我已經到過黃山。在當時，因為交通不便，注意到黃山的人，簡直不多，現在有人整理介紹，使得我非常愉快。雖然我也寫過一點黃山遊記，但是遊山困難，去遊的人，當然沒有現在的踴躍了。去年，曾遊天台，雁蕩，有一篇〈之東〉的記載，我覺得，峯巒之奇，以雁蕩為第一，瀑布之大，除加拿大Niagara（注：尼瓜拉）瀑布而外，要推天台了。至於黃山，可以說二者俱備，若以我遊過的山批評起來，則廬山和雁蕩，可以說能品；天台可以說逸品；黃山可以稱為神品，其他不足比數，但是這僅就我所遊者而言，不願意概括一切。」

「先生此外還有什麼有趣的遊蹤，可以見告嗎？」

「蘇門答臘最高的磨達山，有一個很大的湖，風景秀麗，可以說是一個擴大的西湖。」

「山上也有湖麼？是和雁蕩山頂的湖一樣麼？」

「是的，大凡最高的山脈，如果四圍是高山，當中的地方，大概總是一個湖，這是自然變化。雲南的洱海兩面是山，杭州西湖三面是山，都是一樣的；不過磨達山的湖，是四面皆山罷了。這個湖的風景，也和日本的箱根差不多，箱根具體而微，沒有那樣廓大而已！」

※

黃先生應允了我的要求，為我們寫了一幅字，便是登在這裏的。我生平最愛讀先生的小詩，覺得清新

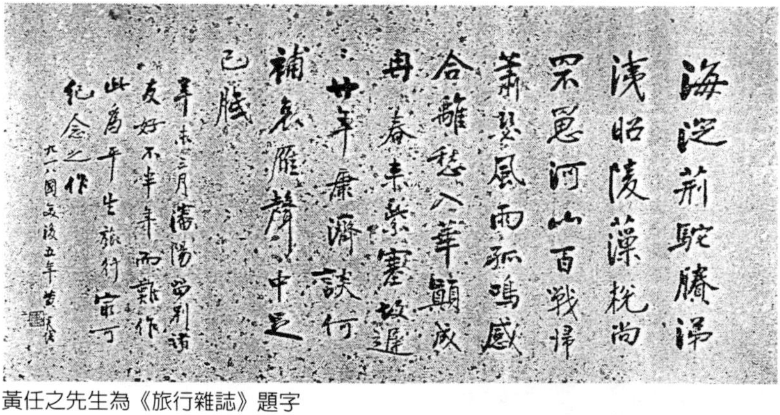

黃任之先生為《旅行雜誌》題字

美麗，有無窮的韻味，這回讀了「愁入華巔成冉冉，春來紫塞故遲遲」，胸中有說不出的惆悵！

握別以後，天是夜了，在燈光燦爛的路上，醉生夢死的氛圍中，回想著一切的一切，有山河破碎，旅行何處之感！

高　　夢　　旦

高夢旦（1870-1936），名鳳謙，福建長樂人。商務印書館元老。少時他不追求仕途，好經世致用之學。1901年，他任浙江大學堂總教習。1902年，他率留學生赴日本，並任留日學生監督。在日本，他體認到日本興盛的根本在教育，教育的根本在於小學，故立願編寫小學教科書。1903年冬他回國，入商務印書館辦編譯所，任編譯所國文部部長，主持國文教科書的編寫工作，親自參與策劃並編寫《新字典》和《辭源》。1918年，他升任編譯所長。後邀請胡適出任編譯所長，胡適推薦其老師王雲五任編譯所長。此後，高夢旦轉任出版部長，協助王雲五。高夢旦的幼女高君箴在1923年10月與鄭振鐸結婚。

十三、高夢旦先生訪問記

在嚴寒的冬天，午後不到五點鐘，天已完全昏黑了。日裏沒有空，訪問高夢旦先生，是約在五、六點鐘的時候去的。高先生住在滬西膠州路，馬路很冷落，兩旁的樹影，和搖晃不定的路燈光，顯出一個清冷幽寂的所在，下了車，便叩高先生之門。

高先生是一位旅行家，我是向來知道的，上次從聽到蔣竹莊先生的言論，我更曉得高先生的為人。高先生非但歡喜遊覽山水，並且為人處世，極其風趣。

※

在會客室等待片刻，高先生便出來相見。

蔣竹莊先生嘗說高先生「無足遊山」，這句話是形容高先生遊山，非轎子不可，辜負了兩足。我腦筋中幻想的高先生，是身軀高大而又極肥胖的人，然而，現在所見到的，恰與我所想像者相反，高先生是一位清癯嚴整的高齡學者，並且好像很能健步的。

拱手寒暄以後，我們便靠火坐下。

我說：「上次和蔣先生一談，知道先生極其歡喜旅行，所以請蔣先生介紹，想請先生談一點遊覽山水的趣味。先生到過不少地方嗎？」

「江浙幾省，只有天台山不曾去過，其餘天目，雁蕩等處，我都到過。北邊如西山，泰山，南邊如香港，廣州，也曾去遊歷，廣西僅到了梧州，偏是山水甲於天下的桂林，倒沒有去。這幾年來，因為年紀老了，雖然也出去走動走動，但是沒有往年的豪情了。」高先生說話，響亮而急促，神情之間，生氣勃發，一定很亢爽。而富於熱情的。

「五嶽都到過嗎？」

「只遊了兩嶽，就是華山和泰山。恆山，嵩山，和衡山沒有去。我很健忘，遊歷時欣賞山水之情，遊歷後又懶得動筆，所以未曾寫遊記，現在什麼都不大記得了，」

我想了一想，高先生並不是不肯多說話，實在是一時無從說起，只得多問一點罷。

我說：「先生到外國去的情形如何？」

「外國我到去過幾回。」

「是哪一年呢？」

「我到過日本，到過歐洲。年代記不清了，總而言之，從歐洲回來以後，歐洲大戰就開始了。那時，先兄子益先生，在意大利當公使，我們是去遊歷的，意大利，法國，俄羅斯，都去玩了一趟，回來是從西伯利亞坐火車歸國的，來去共是四個月。」

「那時的歐洲，想來極其有趣的。現在到歐洲，不過二十三天，先生去時，路上要不少天數嗎？」我繼續問。

「要三十幾天，先到香港，後到新加坡等地，在法國馬賽上岸，經過了法國、德國到羅馬的。」

「先生為什麼歡喜旅行呢？」這是我一個很平淡而可怪的問話。

「旅行是我最大的嗜好，所以很歡喜了。」高先生答覆得很有風趣。

高先生繼續笑道：「可惜我腳力差一點，險地不敢去，蔣竹莊先生膽子大，時常拉我走路，我們是幾十年的老友了，」

聽了高先生這一句話，蔣先生所說的「無足遊山」，我方才相信，心中暗暗好笑。

「可惜中國交通不方便，有許多名勝，都被埋沒了。」

「交通現在還好，比較從前便當得多了。」

「先生，黃山到過嗎？」

「去年去的，黃山很好。我看見過許多山水，以黃山為第一。」

「南方的山水，比較北方的山水如何？先生有什麼見解？」

先生笑道：「沒有什麼見解，泰山的水與樹木，也和南方的山差不多，然而北方的

高夢旦先生近影

山，好像比較偉大一點，但是南方的黃山，也不能算小呀！我們在書本裏所知道的泰山，是大得可以，但也不見得大呀！」

我問道：「先生對於中國避暑的地方，覺得如何？」

「避暑我也不時去的，廬山去過，青島住過一、二天，莫干山範圍較狹，住過半個月，我覺得黃山希望很大。黃山現在的交通很方便，食宿有中國旅社，我們從上海去，要過一夜，至於回來的話，早上從山上動身，當夜，就可以回到上海。」

我們談到這裏，我請高先生寫幾個字，高先生不肯，他笑著指壁上的對聯，我擡頭一看，壁上掛的是：

夢旦先生六十大壽

喫肉走路罵中醫，年老心不老。

喝酒寫字說官話，知難行亦難。

丁文江造胡適代書

我看了這副對聯，覺到做得好，寫得好，但不知其所以然。

高先生於是乎告訴我罵中醫的典故，是說丁在君先生家裏請中醫的一段笑話。中醫的姓名，在這裏不必寫出。

高先生叫我看對聯的最大目的，是證明他的字寫得不好，並不是不肯寫，我當然也不敢強人所難了。

字無法取到，我又要照片，高先生上樓取照片的時候，我起立徘徊，又看到胡適之先生一首小詞，怪有趣的，連忙抄下來：

很小的問題，
可以立時辦到。
聖人立言救世，
佔不多不少。
一生夢想大光明，
六十不知老。

這樣新鮮世界，
多活幾年好。

小詞一首敬賀
夢旦先生六十歲生日

夢旦先生在家庭朋友間，有聖人的稱號。我這首小詞，只是從我眼裏看出來的聖人哲學。將來續有見到之處，當補作聖人哲學續編，等夢旦先生七十大壽時寫出來博他的一笑。

民國十八年胡適

剛剛抄好，夢旦先生也下來了。我得到他的允許，把這首詞登在這裏。夢旦先生的為人，從丁在君、胡適之兩先生的對聯和小詞中，是活活的描寫出來，也無庸我多所介紹。不過，我想夢日先生所以如此亢爽，所以所此生氣勃發，所以如此有風趣，當然得力於旅行不少。

※

當握別的時候，夢旦先生以為談話好像無系統，再三表示歉意，還恐怕我不夠寫，然而先生所給我的一切，是儘足夠寫一篇訪問記了。

歸途雖然是一片清寒之氣，但是夢旦先生所給我的印象，活潑而有生趣，宛如春光明媚之天。

李　景　樅

李景樅（1892-1956），字星五，福建福州人。1912年，以「工業救國」的志向，先後在德國柏林工業大學、瑞士蘇黎世工業大學和奧地利維也納工業大學，學習機械專業。回國後，在北京政府農工商部、北京市政公所任職。1928年，被交通部聘任為航政司航空科長，參加交通部與德國漢莎航空公司為合營航空公司的談判及合同起草，為創立中德合資的「歐亞」作出了貢獻。「歐亞」成立後，兼任營運主任。1932年，任交通部總務司司長，兼「歐亞」營運主任，年底專任「歐亞」副董事長兼總經理。1943年3月，交通部決定撤銷「歐亞」，便以李患眼疾為由，改任交通部顧問。1946年5月，李以政府代表團成員和臨時國際民航組織的航空運輸委員會委員的身份，赴加拿大蒙特利爾參加由國際民航組織召開的第一次臨時大會。抗戰勝利以後，李反對國民黨發動內戰，並在一些報刊上撰文，揭露國民黨統治下的腐敗。1956年7月，因患腦溢血在上海逝世。

十四、李景樅先生訪問記

我常感想到，這幾年來，一般人對於空中旅行，已由恐懼的心理而歸於平淡了。無疑的，火車、輪船和飛機，都是一樣的交通器具，一樣的平穩舒適，事實告訴我們，是無所用其懷疑的。

在外國的旅行雜誌上，從前所登的，是火車和輪船所經行的地方，後來公路盛行了，便是汽車擡頭的日子，累牘連篇，圖畫文字，以汽車的遊程為多。這幾年來，我們所讀到的旅行文字，是空中旅行的情景，蒼蒼鬱鬱的山脈，浩浩蕩蕩的大海，從飛機中所得到的照片，形形色色，頓使讀者耳目為之一新。

我國的航空事業，無論軍事民用，在最近七、八年來，經主持者以最大的努力，不斷地進展著，可算已有相當的成績。從報章上所看到的航空消息，幾乎是無一日不在邁進之中，然而關於空中旅行的遊記，我們很少看見，空中所攝得照片，尤其不多。這是什麼緣故呢？我曾猜想，在目前，雖然飛機的乘客，不能說少，但是這些乘客，大部份是有緊要的事情，方去坐飛機。其以旅行為目的，要在空中玩賞山川的遊客，恐怕還佔極小的數目，所以，空中旅行的遊記，是不多見了。

本誌在過去，譯載了好幾篇空中遊記，然而關於中國的航空旅行文字，還是沒有登過。

現在美國人倡言十天飛繞全球，路程是這樣的：從紐約動身，一天半到歐洲，自歐洲到新加坡，需要四天，再從馬尼拉到舊金山，也是四天，由舊金山飛回紐約，僅要半天的功夫。這樣計算起來，整整地花了十天的光陰，就可以飛繞全球，這不是一個奇蹟麼？美國人還說，這不是理想，這是未來的事實，四年之內，準可成功。我相信，誰也不能否認這是未來的事實。

因為關心我國空中旅行的情狀，我久已想訪問歐亞航空公司總經理李景樅先生。李先生在空中不知道飛行了多少次數。他努力歐亞兩洲的空中交通，經過了不少的阻撓，他還是持以毅力，時時刻刻，在那裏邁進。此次由本社鄭鴻彥先生的紹介，便約定了去訪問李先生。

會見的地點，是在李先生的辦公室。長方形的屋子，簡樸的佈置，一切都很有條理。李先生的神情，是沉著果毅，和易近人，而又極富於熱情的。

握手寒暄以後，我們便坐下談話。

第一個問題，我是問李先生平生旅行的經過，李先生很謙虛，他以為如果專寫他個人，他是不情願張大其詞的。他向來主張埋頭苦幹，不需要互相標榜，或者替他個人宣傳的。

李先生或許有一點不明瞭我們的態度，我立即加以說明：我們的目的，是提倡旅行，和普通的讀物，微有不同，我們固然不願意寫個人的私生活，替他人捧場；同時也根本不會攻訐人家的陰私。至於旅行講座，從表面上看來，好像是訪問名人，總難免含有標榜作用，其實是不對的。我們所訪問的人，都是國內有數的旅行家，將他們遊覽的見聞和感想寫出來，是供給一般人參考的，簡單地說一句，目的還是在提倡旅行。

經過了一番說明，李先生笑了，他對於我們很表同情。他說道：「這樣，我就舉我所知，簡單地說一說。」

我說：「第一還是請李先生講生平旅行的經過。」

李先生於是乎答覆道：「我幼小的時候，是在國內讀書的。我曾隨先父到過四川，雲南，廣東。均住過三數年不等，不過那時年紀小，所有各地的風景名勝，多不能記憶，並且也不能體會。中學時代，是在日本讀書的。民國二年經俄國去德，也曾留學瑞士和奧國，在歐洲一共住了十年，到民國十二年回國。回國以後，一直在北平。國府建都南京以後，交通部派我充航空科長，此後便從事航空生涯。為了籌備開闢航線，我曾坐飛機到各處去，第一次，係從上海飛北平，多倫，到過滿州里一帶。第二次，係從北平飛百靈廟，弱水河，哈密，一直到迪化。以後則歐亞公司航線所經各地，無不到過。」

「在空中旅行，下面所見到的山川城郭，關於陵谷變遷，桑田滄海，都有跡象可尋麼？」我又問。

李先生答道：「這一個問題，非研究地質學的專門學者及考古專家不能答覆。本來關於地層的組織，山嶺的結構，河流的改道，城市的淹沒，人口的變遷，觀察研究起來，的確是極有興趣而且很重要的，可惜我不是專家，雖然看見到很多的景色，但是不能言其所以然。」

我問：「夜間飛行，很有趣味麼？」

「夜間飛行，從上面望下面看，的確是萬家燈火，尤其是上海，在夜裏飛航，於商業中心區的上空，俯視無數的光芒照耀著，紅紅綠綠的麗虹燈，點綴其

無錫太湖之鳥瞰

間，就好比我們在秋夜仰望長空，但見繁星密佈，有時間以月華，一樣的好看，但那種天然景象不易多見，而現在可以人工代之了。」

「地質方面所顯示的變遷，是不容易體會，然而凌空下視，地面上的一切景物，先生當然看得不少呢！」

「是的，在沿海幾省，譬如說江浙一帶，我們在飛機上所見到的，大都是稻田，稻田是一塊一塊的，正像棋盤方卦一樣。至於河北，山東，河南，這幾省，是種麥的，麥田是一片平陽，就和江浙的稻田又大不相同。陝西多山，地勢是梯形，人民仍然和上古時代差不多，大半是穴居，在飛機上可以看得很清楚。再往西，甘肅和陝西的情形，又有差異，因為甘肅的山，沒有什麼樹木，多半童山濯濯，看去純是懸岩峭壁的倒景。成都一帶，山固崇高，樹木又很蔥蘢，所以風景非常之好。又如自陝西至成都一段，很

北平

清楚地看到秦嶺山脈。由洛陽至西安，著名的華山和終南山，更是一目在望。還有秦始皇的墓道和潼關的形勢，那種壯闊的氣概，絕對不是在地面上所能領略得到的。」

「先生在國外，認為什麼地方最有趣味？」

「我個人以為瑞士最好，因為到處是花園。風景區在國內，以北平為第一。」

「先生生平的旅行，以何處為最樂或者最苦？」

李先生笑道：「我是一個好動的人，只覺得有樂趣而沒有痛苦。」

我再問道：「坐飛機最大的厭煩，就是有劇烈的響聲，總使得旅客的心緒不寧，這是要設法改革的。」

「像我們的容克斯五十二號巨型機，現在已沒有響聲，因為裝置了隔音器，把劇烈的響聲隔離了。不過普通的飛機，響聲還是免不了的。」

湘江

「我以為一般人雖然對於航空事業有相當認識，但是真正坐飛機去遊歷，或者玩賞風景，認為享樂，還不見得踴躍，先生有這種感想麼？」

「這就要努力於宣傳工作了。其實飛機並不見得比舟車危險，我覺得飛機比較還要穩當些，因為辦航空事業的人，對於檢查飛機，是絕對不容忽視的，每到一定的時期，將飛機的各部份，詳細檢視，應該修理的，立刻修理，所以越是檢查得詳細，危險的程度，越是減少。並且，如果天氣良好，坐在飛機中的舒適平穩，比較任何汽車在路面上行駛，還要痛快。倘使一般人明瞭這種情形，我想坐飛機去玩賞山水，認為享樂的，一定是很多的。」

「在歐洲，私人方面備有小型飛機的很多，中國惟有人要才有飛機，先生對於私人購買飛機的意見如何？」

「歐洲各國，是獎勵私人購飛機的，中國，非但私人沒有購買，就是團體方面，也少有買的。這是因為觀察點的不同，歐洲各國圖謀防止他人的侵略，固極力提倡空軍，但同時也鼓勵人民購買。譬如有人購飛機一架，值洋五千元，政府可津貼三千元，買的人只須花二千元就行了。至於中國，則尚側重以飛機為軍用品，所以取締很嚴，私人未便購置。」

肅州之鼓樓

「現在蘇聯提倡飛行傘運動，公園中，無論男女老幼，都可參加，情況是很熱烈的，貴公司何不從事提倡呢？」

「這也是一種軍事訓練。飛行傘好像輪船中的救命圈一樣的，我們民用航空公司，在設備上固然有此需要，但是提倡訓練，須由軍事機關主持的。」

我們的談話，至此告一段落。

多謝李先生的好意，他希望我坐他們的飛機，在歐亞航空公司航線範圍以內，去旅行一周，寫一篇空中遊記。我當然是很情願的，可是因為職務的冗迫，恐怕一時還難以辦到呢。

丁　福　保

丁福保（1874-1952），字仲祐，江蘇無錫人。著名佛教居士，醫學家、古錢幣家。光緒二十二年補無錫秀才。25歲就讀於江陰南菁書院。28歲東吳大學肄業。同年，到上海江南製造局工藝學堂學化學，入東文學堂學日文，又師從趙元益學醫。1903年任京師大學堂及譯學館教習。1909年赴日考察醫學，後於上海行醫並創辦醫學書局。1914年始向佛。一生著述等身，最著名的是《佛學大辭典》16冊，另有《說文解字詁林》、《古錢大辭典》、《古泉學綱要》等著作。1952年，病逝上海。其子丁惠康，亦為收藏家、醫學家。

十五、丁福保（仲祜）先生訪問記

丁仲祜先生是隱於醫的人，行醫不是他的職業，他是以醫行善，貫徹救濟苦難的宗旨的。丁先生在學術界最大的貢獻，是編著了一部《說文解字詁林》，為國內外學者所稱頌。丁先生雖然不能說是一位遨遊四海的旅行家，但是在他的青年時代，也曾遊歷過好多地方，尤其是他在故都北平，居住很久，我想他的腦筋中，一定有許多奇聞逸事，可以講給我們聽。這一回去訪問丁先生，是一個明媚的下午，屋內擺設了許多梅花，暗香撲鼻，一切都是靜悄悄的。靠著桌子，我們很隨便地坐下。丁先生正在摩挲著古錢，一副慈祥愷悌的容顏，令我紛亂的胸懷，頓然寧靜下來。

我笑著問：「先生所組織的古泉學會，就快要成立麼？」

「已於本月廿三日成立。」

「先生從前久居北平，有遺聞佚事，為世人罕知之祕密，可以告我一二否？」

「戊戌政變後，皇太后極恨光緒帝而欲廢之，徐桐、剛毅、載漪等十餘人擬好廢立奏摺，已請太后看過，太后說須與榮祿一看，於是徐桐，崇綺二人，往天津直督衙門，來見榮祿。榮方看摺子之第一行為廢立事，一想如此大事，我此刻毫無預備，如何對付二人，於是以手捧腹大叫曰：呀！這肚子到底不容啊！適才我正在茅廁，瀉痢未終，聞二公來，有要事，提褲急出，今乃疼不可忍。言畢，踉蹌奔入，良久不出，對付之法，打算已定。這時天正嚴寒，二人納稿於袖，移座圍爐。及榮祿出，說適才未看明何事，今請一看，復接稿，閱數行，急捲而納諸爐中，以銅箸撥之，火燄騰起，口中呼曰：『我不敢看哪！』徐桐大怒曰：『此稿太后閱過，係奉懿旨，命爾閱看，何敢如此？』榮祿曰：『我知太后不願作此事。』二人言，實出太后之意。榮曰：『我即入見，果係太后之意，我一人認罪。』二人怏怏而去。榮見太后，痛哭磕頭，言各國皆稱皇上為主，非臣等口辯所能解釋，倘行此事，老佛爺的官司輸了，老佛爺辛苦數十年，完全名譽，各國尊仰，今冒此大險，萬萬不值。倘招起大變，奴才死不足惜，所心痛者，我的聖明皇太后耳。磕頭作響，大哭不止，太后懼而意回，勸令勿哭，另作計劃。於是改命新皇帝溥儁，暫屈為大阿哥，入宮養育，承嗣穆宗，稱帝曰皇叔。徐剛、漪崇輩，稔知太后久已褫魄於洋人，非先制洋，不能振太后之氣，於是急煽拳匪，不數月而燎原勢成矣。此言聞諸王小航先生，想非虛語。」

「北平居然鬧拳匪之大笑話，其笑話之資料，可得聞歟？」

「拳匪的神，曰洪鈞老祖，驪山老母。神至，能禁鎗礮，又能指畫空中，則火起，刀槊不能傷。御史徐道焜言洪鈞老祖令五龍守大沽口，龍背一拱，夷船皆立沉。編修蕭榮爵言夷狄無君父，殆二千年，天將假手義民盡滅之，時不可失。吉林將軍長順言有二童子，殆非人，至則教堂自焚，已忽不見。群臣又時時言山東老團，一掃光，金鐘罩，九龍鐙之屬，能役鬼神燒海中船盡壞。居一室，斬首百里外，不以兵。於是太后大喜，乃焚幣至聞禱祠之，裕祿亦盛言拳民敢戰，連敗洋兵，擊斬過當，洋兵甚懼，太后至以客禮見紅燈照。紅燈照者，匪黨自謂不如，袪服利屣，皆十五、六好女子也。拳匪至京師者數十萬，公為寇盜，擄略殺人，喜縱火，延燒常數百家。匪以滅洋仇教為名，圍攻各國使館，各國聯軍入京，釀成兩宮西狩之禍，豈非一大笑話麼？」

見先生桌上有祺祥通寶錢一枚，我問道：

「此錢不常見，其歷史可得聞歟？」

丁仲祐先生近影

「此錢極少見，余三十年前在北平時，以銀幣十一枚購得之。其歷史有祕聞一段，外間人不得而知也。當咸豐辛酉，顯廟駐蹕熱河避暑山莊，慈禧方為皇貴妃，與皇長子均隨駕，當時之翊贊綸扉者，有載垣，瑞華，肅順，而肅順最為顯廟所倚任。一夕，顯廟召肅順密商，謂我體多病，恐不能久，只此一子，一旦不測，當然嗣位。我朝家法，從無母后干政之事，默察貴妃性情相貌，斷斷不能安居宮中，欲仿弋故事如何？……肅順極力贊成。其時夜深，以為無與聞者，孰知太監李蓮英值班，巡邏至窗下，密聞其語，向來宮牆腳下，均有洞，備狗之出入，名為狗洞，李蓮英即由此洞扒出，密告於慈禧。慈禧遂哭訴於宣宗瑜太妃及慈安之前，咸大驚訝。次日以瑜太妃命，請顯廟至，力言此等事萬不可為，顯廟力辯無此意。至七月，顯廟賓天，載垣等八人受遺詔輔政，如康熙故事，改元曰祺祥，鑄錢曰祺祥通寶。八月，宮內族御史董元醇奏請兩宮聽政，輔政大臣皆不敢置辭，肅順大不謂然，與載垣、瑞華協力爭之，肅順語尤激昂，由是三人皆被戮，而垂簾禮成。大學士周祖培又奏載垣等所擬祺祥年號，意義重複，奉旨另擬，乃改為同治，此皆當時實事也。此事余聞之葉伯皋先生。」

余因祺祥錢如此名貴，因請先生將此錢之拓本贈我一紙，先生報可，遂手拓之。是時余見桌上有吳稚暉先生覆友人書云：「先生問欲治《說文》，以何家為善，弟則以為此非一先生包辦之學，必參稽眾說，得其至當，乃為新式之治學。《說文》名著，自然以段、桂、王、朱諸家為勝，但兼購數種，必已費三、四十元，不若得一新出之奇書，所謂《說文詁林》者，止多花數十元，可得四、五百種之書，真破天荒之便宜，且不但《詁林》羅聚眾說於一處，參稽極便。即如《說文》究係字書，按部循讀，必將厭倦，若動輒羅列各家，參互考訂，亦嫌攤書滿案，諸多麻煩。惟取《詁林》讀之，揭一字則眾證互陳，興味增添，如睹公堂會審，是非曲直，無不畢顯，故能引人入勝，可以消閒，此真變枯燥之字書，為有味之讀物。在消閒中治學，《詁林》之功用，真算不小。所以弟在湯山時，勸李任潮先生購讀《詁林》。近在鼓樓李寓，見篆帖鼎銘，黏陳四壁幾滿，足見已由《詁林》引誘，漸著《說文》之迷矣。又摘《詁林》所編索引，欲檢得任何一字，以十秒鐘可以立得，此尤從來未有之快事。惟《詁林》有此神奇，真治小學者之寶筏，宜乎一再出版，不敷供應。先生能節衣縮食，急購一部，學笥甚儉者，不啻暴富矣。」

余錄完吳先生之函，丁先生已將祺祥錢拓好，余辭別先生而將拓本影印於上。

丁先生所講的，大部份都偏於遜清掌故，是非常有興趣的。丁先生於青年時，在京師大學當教授，所以見聞很為豐富，不過這一次的訪問，時間極其怱促，我想下次有機會時，還要請丁先生為我們寫一點有趣味的文字呢！

淩　　鴻　　勛

淩鴻勛（1894-1981），字竹銘，廣東番禺人，鐵道工程學家。1910年以官費生考入郵傳部上海高等實業學堂。1915年由交通部派充「美國鋼鐵公司」旗下「美國橋樑公司」實習生，1918年返國，得到交通部次長葉恭綽重用。1924年至1927年回母校（時稱交通部南洋大學）擔任校長。1927年至1943年投入中國鐵道建設，先後任職於隴海、粵漢、湘桂等鐵路工程局長兼總工程師。對中國鐵道事業貢獻卓著，被譽為繼詹天佑之後的「鐵路聖人」。1948年獲選為第一屆中央研究院院士。其後隨政府遷臺，1951年至1971年擔任中國石油公司董事長。其間曾於1957年擔任「交大電子研究所」籌備主任。1981年病逝於台北。

十六、嶽麓晤淩鴻勛（竹銘）先生

我這一次沿粵漢鐵路旅行，從上海到漢口，由漢南行，至南嶽衡山。那天是薄暮了，天氣清冷異常，住在山腳下中國旅行社招待所，室內燒著炭盆，絲毫沒有一點暖意。正在無可排遣的時候，門外馬路上，有汽車停止的聲音，伸首外望，在走廊上發現了淩竹銘先生。

淩先生是粵漢路株韶段工程局局長，幾十年來未能完成的粵漢路，淩先生負著重大使命，經過了三年半的朝夕努力，將限期四年竣工的株韶段工程提早完成了。這條路，在國計民生上，顯示著絕端的重要，現在定於五月十五日接軌，我慶賀國家偉大建設的成功，同時，對淩先生致其敬佩之忱。

淩先生因要公自衡陽赴長沙，途經嶽麓招待所，和我作一小時的盤桓，是非常可貴的，握手道候後，在清冷的環境中坐下。我先將關於株韶段工程進展情形和通車後如何整理改善的計畫，問明了一個大概，當時的談話紀載，已在《申報》上約略發表。在談話完畢之後，我準備寫一篇訪問淩先生的「旅行講座」，於是乎有以下之問答：

「先生是辦交通事業的，創造道路，供給他人的旅行，先生自己，到過很多的地方麼？」

「提到旅行，很為慚愧！我是從事交通事業的，有許多應該去遊覽的名勝，我都未曾到過，可是人家未去過的，我反去了。」先生微笑著答覆。

「國內各處，遊歷的省份，大概有幾省呢？」

「除了四川，雲南，貴州，甘肅四省未到過外，本部十八行省，都有我的足跡。五嶽我通了兩嶽，就是隴海路上的西嶽華山，和現在粵漢路上南嶽衡山。從前，登陟華山，比較困難，自從隴海車通行以後，去遊的人，就相望於道了。現在粵漢路也將全線通行了，南嶽的遊人，想來也應該有相當的增長。」

五嶽通了兩嶽，這是絕對的事實，淩先生展築隴海路西段，不是通了華山嗎？現在粵漢路沿線的衡山，交通既然便捷，四方的遊客，還不絡繹來臨嗎？我相信山靈有知，必將引淩先生為知己。

我繼續問道：「以先生的經驗看來，旅行在身體上，學識上，究竟有多大的利益？」

「我認為對於身體的鍛鍊，是大家都能享受著的，其他影響於學識經驗者，就要看各人的環境了。譬如我個人，是以辦交通事業為職業的，我在旅行中所體會到的，是山川陵谷變遷之跡象，文明進化興衰之原委，以及各地民生情況，社會上種種不同的風俗，均隨時加以研究。與我工作有關的，當然是往昔的交通情形了，河流的闊狹深淺，陸地的高原平野，古時如何交通，在我工作時，一一印證起來，得到不少智識。即如此次測選粵漢路線，在郴州宜章間，發現了古時的大道，我們不得不讚歎從前建設的偉大。」

「這古時的大道，是如何的情景呢？」

「是從郴州直通宜章，道路極其寬闊，中間鋪著大石板，兩邊是一排一排的古樹，樹有好幾丈高，濃翠照眼，景色清幽，想來這種大工程，至少在一、二百年以上，否則古樹如何長這麼高呢！古人的建設能力的偉大，於此可見。我想，我們如果有機會多出去旅行，像這樣的建設工程，在中國各地，或者還可以看到。」

「在歐美各國，先生旅行過好多國家麼？」

「我是在美國讀書的，歐洲方面，去過英，法，德，比，丹，瑞典，俄國等幾個國家，日本我也曾去過，足跡所過的地方，實在不多。」

淩竹銘先生近影

「在美國旅行，和在歐洲旅行，比較起來，是在歐洲有趣味麼？」

「當然哪！美國是一個新興國家，歷史上的背景，哪有歐洲各國的興味濃郁？歐洲各國，多是古國，民族又極複雜，文物表演，處處不同，在美國旅行，走幾天還是一樣，大廈高樓，毫無變化。至於歐洲方面，走幾點鐘，就有幾點鐘的不同景色，不但大城和小城不同，就是城區和郊外也大不相同呢！」

「這樣說來，先生對於歐洲，感著極濃厚的興味呢！」

「是的，上次到歐洲，是代表中國出席萬國公路會議的，因為開的是公路會議，所以在各國的公路上，走了不少路，一切都覺著有趣。」

「國內的山水，南北比較起來如何？」

「北方的山水，因地層構造關係，沒有南方清秀。中國的名勝，是太多了，因為交通不便，所以去者固少，知者亦少。現在交通發達，各地的名勝，陸續開闢起來，我想旅行事業，將有不斷的進步。」淩先生很欣然的說著。

關於粵漢路全線通車後，有許多普通問題，為社會上所急欲明瞭者，我也向淩先生簡單的問了一點。

「粵漢路現分湘鄂，株韶，及廣韶三段，三段併計，共長若干公里？」

「自廣州黃沙站起，至武昌徐家棚站止，共長一千零九十六公里。」

「將來如全線整個通車，自廣州至武昌，應需幾小時？」

「粵漢路比平漢路尚短一百餘公里，如全線通車，當需三十餘小時，惟特別快車，須經過一年後，方可開行。」

「株韶段對於客車之設備如何？」

「已向英國訂購新客車五套，約今年十一月可到。每套客車中均有頭、二、三等臥車及飯車，車內一切設備，係最新式者，大致與津浦路藍鋼車相仿。至於普通客車，則湘鄂、廣韶兩段，各以其原來車輛，開行區間車。」

「機車訂購多少輛？」

「向英國訂購大機車二十四輛，均係最新之四八四式，每車拖力一千噸，至速度在平地每小時可走六十公里，現在已運到十輛。」

「與平漢路聯運之計畫如何？」

「擬仿照津浦京滬聯運辦法，在漢口，武昌間計畫長江輪渡。」

「株韶段最艱鉅之工事如何？」

「在郴州與樂昌間，凡一百二十公里之長，其地為長江與珠江之分水嶺，地形崎嶇特甚，崗巒錯雜，溪澗迂迴，中間亙以高低不一之大小山脈，蜿蜒縱橫，趨向無定，故勘定此段路線，比較困難，據英國人測量，至少須闢山洞六十六個，但經本局縝密研究，減至十四個山洞，如照英國人計畫施工，恐怕到現在還不能完竣。」

「施工期內，有無匪患？」

「二十三年八月至十一月間，朱毛大隊匪，約七、八萬人，自江西竄入湘境，本路公事房被毀三處，有工程師二人，監工一人被綁，後工程師逃歸，監工亦幸釋放，惟本路工程終因是停頓至二月之久。但最感困難者，其時湘省集中糧食與現洋，本路工人數萬，無錢無食，何以為生，故調度異常困苦，所幸工人大半為北方人，未曾散開。」

「工人均來自北方麼？」

「不，土方工人，多就地徵工，多是湘人，架橋工人，來自上海，其餘鋪軌及做橋墩等等，以北方人為最多。」

「工人最多時有多少人？現在多少人？」

「二十四年工作最緊張時間，有工人十八萬人，現在有六萬人左右。」

「此路完成後，對於中國交通上，究竟有若干影響？」

「最要緊的，廣東至內地，向無陸路，只有水路，取道香港，一切受其壟斷，甚至商家交易，均以港洋為本位。將來粵漢路通行，廣東大商家，可與內地接觸，而內地之出產，如四川，廣西，貴州等省以及長江各地之土貨，均可由此路出口，以湖南一省土產而論，關係尤為重要。湖南出產桐油，去年值二千萬，佔出口額第一位，將來由粤漢路運出，何等便利。」

「華中、華北一帶及長江上遊旅客，往昔赴粤，必取道上海，航海以行，此後當取道此路矣。惟上海一帶之旅客，如不乘海輪赴粤，溯江西上，從粤漢路南下，不知經濟及時間，比較乘海輪如何？」

「車價絕對不貴，至於時間，則本路全線，需時不過三十餘小時，似亦無若何影響。惟自滬至漢之輪，如何縮短時間，是又另一問題矣。」

「全路通車後，車票價格如何？」

「三等車約定為十四元左右。」

「株韶段全部完工，共用款項若干？」

「現款計國幣三千八百餘萬，料款一百六十四萬鎊。」

「開工以後，僱用洋員計劃否？」

「工程無一個外國人，包工亦無一個外國人。」

「將來全路以貨運抑以客運為主，株韶段收支預計，能否相抵？」

「自以貨運為主，株韶段收支方面預計至三十年後，可望將債務清償。本路建築款項，係借自中英庚款董事會，有契約規定，將來營業收入，只許用百分之六十五，其餘均用以還債。」

「株韶段究竟何時可以接軌？現在工程是否告竣？」

「截至三月底止，一、土石方完成百分之九十八。二、隧道已完工。三、禦土牆及小橋涵渠已完工。四、大橋完成百分之九十二，五、鋪軌工程，全段四百〇五公里，已鋪三百四十一公里，現只餘六十四公里。本年五月十五日接軌，當不致有誤。」

「株韶段原定計劃何時完工？現在縮短若干時？」

「二十二年七月，鐵道部與中英庚款董事會訂借款合同後，始大舉動工，當時預定四年完成，應為明年六月間接軌。現在自開工時計算，至五月間接軌，計共三十五個月，較原定四年，提前一年一月，換言之，即四年計劃，以三年完成之而已。」

我們的談話，至此告一段落。淩先生辭別了我，乘汽車向長沙進發，在赭黃色的公路和蜿蜒屈曲的坡度上絕塵馳去，我胸中有說不出的歡欣！粵漢鐵路全線，終於完成了！

淩先生的為人，在此地有介紹的必要：他對於公私界限，分得很清楚，甚至一張紙一個信封，非因公事，是不用公家的。他律己極嚴，對待屬下，是無需乎疾言厲色或者用手段的，他是以身作則，使每一個人均蒙著他的感化，而自動地趨於勤奮的。在粵漢路工事極緊張的時代，每個工段晝夜不停的工作，請示的公電，甚至每星期日都如雪片似地飛來，緊要的事情，如果不立刻批答，工作必陷於停頓，於是淩先生在星期日也全天工作了，局內上下員工，也全日到局了。

當然株韶段的工程，全是因為中英庚款有充分的接濟，工款料款，能源源接濟，（事實上還是有幾個月欠發）所以能將這條路築成，但是如果沒有淩先生這樣苦幹硬幹的精神，說不定要五年六年才能完工，怎樣能使限期四年完成的工事，提早一年而成功呢？

我嘗想，像淩先生這樣的人，真是難得的，如果國家對於他有更大的期望，將更緊要的建設放在他的肩上，他一定有更偉大的成就，這是無庸置疑的。

淩先生辦事，固然實事求是，同時他又不歡喜宣傳，你看，株韶段工作自廿年到現在，也有三年多了，他在報紙上不會發表過一篇宣傳文字，或者計畫，這就是絕大的證明。

我這次循粵漢路全線從漢口到廣州，有遊記寫明一切，對於工程，我是外行，不能多記，可是我所寫的，多是事實，我不情願替淩先生宣傳，同時淩先生以精力做工作，以工作表現他的成績，也無須任何人為他張目的。

王　曉　籟

王曉籟（1886-1967），原名孝賚，浙江嵊縣人，企業家。1907年加入光復會，並開始從商。擔任過上海商業銀行董事、中央信託公司董事、上海總商會會董、閘北商會會長、上海公共租界納稅華人會主席等。1927年，出任上海臨時市政委員會主席委員。四一二政變後，又擔任過江蘇兼上海財政委員會常務委員、國民政府財政部特稅處副處長、全國捲煙特稅局局長等職。九一八事變後，歷任上海各界抗日會常委、中國航空協會總會理事長、膠濟鐵路理事長、上海市臨時參議會參議長、上海魚市場總經理、錫滬公路汽車公司總經理。抗戰期間，任中央賑濟委員會常委、國民參政員，並在重慶建立開來興業公司與中國人壽保險公司並任總經理。抗戰勝利後，任全國商會聯合會理事長，並曾出任中一信託公司、通易信託公司、江海銀行、東南汽車公司等公司董事長。1967年，在上海逝世。

十七、王曉籟先生訪問記

在上海，誰都知道王曉籟先生。他那不很高的身材，飽滿的容顏，和說話時響亮的聲音，令人見過了一、二次，準會有深刻的印象，不容易忘記。

王先生有子女三十餘人，是一位多子大王，這許多子女，如果站在一起，他自己也分不出誰是長幼，甚至於將各人的名字弄不清楚。王先生真是得天獨厚，為任何人所不及的，所以他自號為得天居士。

他除了白天奔走社會事業外，晚上還得玩玩票，彩排時，大模大樣的台步，響遏行雲的嗓子，總是得到台下熱狂的掌聲。唱戲而外，他又歡喜跳舞，不過他並不在酒香肉香中沉醉；他是藉以活動血脈，使身體不再肥胖而已。在夏天，我們又可以在遊泳池中，看見王先生載沉載浮，仰泳俯泳，和少年人一樣。

總之，王先生的為人，是隨著時代向前邁進的；他雖然已過了中年，但是他的思想，他的工作，都是蓬蓬勃勃，充滿了朝氣。

※

說來慚愧，我和王先生雖然有時見面，但討論一個問題或者比較長時間的談話，數年以來，始終還不曾有過。此次承市商會嚴諤聲先生和本社社長陳湘濤先生事先約定，在某日之上午，去訪問王先生；談話的目標，是問些旅行上的事件。

時間是約在上午九時，地點是在王先生的家裏。我們當新聞記者的人，頂怕是早起，因為深夜上床，第二天如果再一早起來，這一天的罪實在難受，總而言之，睡眠不足，會使你渾身不舒服；其不舒服的情狀，實在難以言語形容。

閒言休絮，這一天早上，下了決心，非於九時前起身不可；果然，八時三刻左右，我已整裝出發，人類是最下賤的動物，不驅策是不前進的，我鑒於我之早起而益信。

當我踏上王先生家石階，還未去按電鈴時，僕人已將門開啟了。後來我發覺這兩扇玻璃門上原來貼有一副對聯，聯之下半截破碎了一點，僕人便從這破處向外面張望，可以看見來客而開了大門。

於是乎我被引入一個古意盎然的客廳裏，地上有一獅一虎，神態逼肖，猛見之有些駭然！我在室裏徘徊了片刻，僕人又將我領到一間較小的客廳裏，這間屋子，擠滿了一大堆的來客，都是有求於王先生而希望片言解決的。在屋角裏我忽發現了孫道勝、李子洋兩先生，有了伴侶，能隨意談話，也不虞寂寞了，只耐守著主人的來臨。

這是極可笑的辦法。我恐怕主人挨著次序見客，輪到我非在一小時以後不可；忽然靈機一動，拉著道勝，立在甬道截候。

果然這方法有效的，王先生送前客出門，便笑著招呼我們到獅虎客廳坐下。

我問：「王先生很歡喜旅行嗎？」談話便從一句開始。

王先生很響亮的答覆道：「我很歡喜旅行的，前天才旅行回來；是到紹興去的。我非但歡喜旅行，並且在交通界服務，我是錫滬長途汽車公司的總經理。近來我又提倡空中旅行，上海市航空協會便是我們提倡空中旅行的出發點。」

「旅行對於身體大有好處嗎？」

「唔！是的！旅行對於身體，大有好處，而且旅行之中，到處都是學問。」

「王先生在國內到了不少地方麼？」我再問。

「我雖然歡喜旅行，但是遊歷的地方並不能算多。在華南只到過廣東，華北僅遊北平，西至洛陽，長江方面，去過漢口；這些地方，都是普通人時常去的名勝古蹟，差不多大家很知道的。如果拿鐵路線來說，我是走過津浦，平漢，隴海浙贛等路。」

「國外呢？」

王先生想了一想，笑道：「我到過南洋群島菲律賓，這當然是國外旅行了。」

吼山煙蘿洞（腳下有〇者為王曉籟先生）

「王先生對於菲律賓的印象如何？」

「菲律賓的交通方便極了！馬路四通八達，無遠弗屆，並且都是鋪的柏油路面。平地的馬路不用說，就是山頂上也有很好的馬路，不管山上有無房屋，馬路總是直通的。至於菲律賓的名勝，如碧瑤北山寒等地，有山，有水，風景的偉麗，實在使人流戀。」

「先生對於國內的名勝山水，有什麼批評。」

王先生思索了一會，認為難以解答。他說道：「這個問題，是不容易答覆的。只有一點我感覺到，就是公路沿線的名勝，比較鐵路沿線的名勝還要多。我敢說，公路愈是開闢得多。內地的名勝古跡，愈是能夠顯揚出來。你看，從前的黃山，因為交通不便，去的人很少，自從公路通後，從上海到黃山，只須花了一天的時間，何等便利，現在去遊覽的人，一天比一天多，黃山頓時有繁榮的期望。再拿常熟來說，水軟山明，去遊覽的人向來很多，並且交通也極便利，自從錫滬公路通車後，去常熟遊覽的人，格外激增起來，從上面所說的看來，可以知道交通越是發展，遊覽事業越是進步；而名勝古跡，也越是隨之闡揚了。」

「先生對於杭州的印象如何？」

「杭州是好極了，我生平酷愛杭州，其地不但有西湖之勝，並且錢塘江的壯闊偉麗，也是很難得的。此外武昌的珈山和東湖，也有欣賞的價值。」

「中國避暑的地方很多，先生認為哪一處最好？」

「青島很不差，水靜沙明，潮汐穩定，最適宜於游泳，我曾去過幾回，別的地方，很少到過。」

「先生提倡航空，認為在空中旅行，比較陸地上如何？」

王先生聽到這個問題，很覺興奮，他說道：「坐飛機是舒適極了，汽車根本趕不上飛機的穩定。我們坐汽車，無論路怎樣好，車怎樣安穩，但是坐汽車中，絕對不能寫字讀書，因為總有些震蕩的。至於飛機，當翱翔在空中時，如果氣候良好，則讀書寫字之穩定，如在屋子裏一樣，絲毫沒有分別，所以我認為飛機的穩定，的確勝過汽車。」

「王先生將來還希望漫遊歐美麼？」

「我蓄此志久矣！」王先生似乎有點感喟，他繼續說：「我五十歲前，對於生產事業不管，一向努力社會事業，所以個人的境況，是大家都知道的。現在準備於五十歲後，專注意於生產事業，倘是能夠有點基礎，就到歐美各國去旅行一趟。至於到六十歲後，我準備以三年的時間，作長期旅行，如果至七十歲，則一切置之度外，行雲流水，我是到處為家了。因為我的子女眾多，我希望他們不要多聚在上海，最好分散到各個地方去工作，於是乎我隨便到什麼地方，都有了家了。」

王先生說完，哈哈大笑一陣，我和道勝也隨著大笑起來。

※

這一天的會晤，當然為我們所耗廢的光陰最長，我們不能使許多的賓客久候，乃向主人道歉，握手辭出。

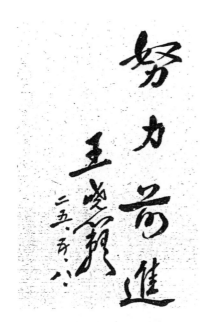

王曉籟先生為《旅行雜誌》題字

陳　光　甫

陳光甫（1881-1976），原名輝祖，江蘇鎮江人。傑出的銀行家，企業家。1906年入賓夕法尼亞大學華登商學院，1909年獲商業學士學位畢業返國。1915年陳光甫設立上海商業儲蓄銀行，出任總經理。1928年創辦中國旅行社，又發行《旅行雜誌》，提倡旅遊事業。1936年接受南京國民政府的委派，與美財長毛根韜簽訂「白銀協議」。1938年9月再度赴美，經過一年半的努力，前後獲得2,500萬美元的桐油貸款與2,000萬美元的滇錫貸款，以應長期抗戰所需。1950年將上海商業儲蓄銀行香港分行更名為「上海商業銀行」在香港註冊。1954年設上海商業銀行總管理處於臺北，同年定居臺北。1965年上海商業銀行在臺復業，任董事長。1976年7月1日在臺北逝世，享年96歲。

十八、陳光甫先生訪問記

陳光甫先生自美國回來時，我就想專誠去訪問一回。可是先生的事務忙迫，到上海不久，又有廬山之行，並且因為天氣酷熱，作長時間的談話，是一件很苦悶的事，所以久久未能前去。

最近我請伍克家先生代為約定，等候陳先生有閒暇的時候，給我一個機會。這幾天是新秋季節，氣候漸有涼意，在寫這一篇訪問記之前七日，果然，我得與陳先生晤談。時間是在下午五時以後，室中尚有太陽照著，環境是非常靜穆的。

在寫談話之前，我請求讀者讓我先說一件故事：

誰都知道陳光甫先生是中國旅行社的創辦人，但是誰知道陳先生辦旅行社的動機呢？事情是這樣的，在十幾年以前，陳先生就時時出去旅行，那時候，中國的旅行機關，只有幾個外國人所辦的。有一回，陳先生到某旅行機關去買船票，櫃上站的，當然是一個外國職員，陳先生說明了來意以後，這個職員正和一個西洋婦人娓娓情話，對於顧客並不招呼，簡直好像不在乎的樣子。陳先生當然無所用其惱怒，不過他深切的感覺到為什麼中國人不自己辦旅行社呢？為什麼在中國而有西洋人辦的旅行社呢？

這一個片刻的動機，竟使陳先生下了最大的決心，創辦了一直到現在有十餘年歷史的中國旅行社。

閒言休絮，我們的談話開始了：

第一個問題是：「先生對於旅行的興趣如何？旅行在身體，學識，經驗諸方面，發生若何影響？先生個人的信念如何？」

陳先生聽了，不假思索，很爽直地答覆道：「我於最近二十年來，不斷的出外旅行；每年平均計算，即在國內，最少要走一千多里路，如果到歐美去，每年就要走上幾萬里路了。我歡喜旅行，大概是基於天性，所以這二十年來的生活，大半都在旅途之中。在旅行時，可以將一切酬應和日常瑣屑的事務拋開，真能夠靜心看書，探求書中的樂趣，這是就學問方面講。其實天地之大，到處都是學問，社會上的一切，就是一座大學，要在各個人如何體會而研究之罷了！至於旅行中所見到的人物，如船上的水手和侍役，街上的車夫，都是我們談話的對象，如果要深切的明瞭一個地方的社會狀況，從表面看是看不到的；一定要和中下級社會的人物接近，才能夠得到一個滿意的答覆。旅行之於身體，是絕對有益的，我們在身體極度疲勞之後，到園林裏去散步一回，就感覺得暢快，這是一個很簡單的證據。所以旅行在身體上，學識上，和經驗上以及其他方面，都是有益的。我一生最大得益之處，就是旅行。」

陳先生一生最大得益之處，就是旅行，這兩句話，很使我感動！我繼續問道：「先生這一回遊美，較上一次所見到的一切如何？有什麼特殊感想？」

陳先生有一點感喟！他說道：「美國人智識方面，是進步得多了！因為交通有絕大的進步，所以普通人民的思想都很開展，不是一城一隅之見。譬如一個商人，他不但常識豐富，可以應付社會上一切事件，並且對於各個專門問題，均下過深切研究的功夫，所以美國人民的智識進步，真是可敬。還有一層，我們應該知道的，就是美國人民處處講理智，絲毫不肯感情用事；有了理智就可以制住情感，此種風尚，由個人而及於家庭，由家庭而推廣到社會，所以地方好，國勢強，表現出有力量的輿論。以上所說的，是一般的感想。至於美國交通事業的進展，是火車上在夏天裝冷氣，飛機黑夜航行，鐵路和公路不斷的改革和競爭；總而言之，無論鐵路，公路，飛機以及電車，街車等，無不趨於合理化，真是一篇大學問，不知積多少年的經驗，才得如此結果。我們到了一個城，如果熟悉了當地的情形，到何處去坐何路車，或者再從這一個城到另一個城，不問是坐飛機或者是火車，倘使運用得當，準可以保險你不會受一分鐘的損失。」

「有人說，到美國去遊歷，無論是東美或者是西美，所看到的均是高聳霄漢的大樓，幾乎千篇一律。若是到了歐洲，則無論都市和鄉村，一地有一地的情趣，到處是古色古香，可以使遊侶油然而生思古之幽情，先生的見解如何？」我這一個問題，在前幾期訪問記中，已經問過好幾位了，這一回再提出來叩問陳先生的意見。

陳先生笑道：「就是歐洲，何嘗不是近代化呢？你看意京羅馬，固然到處是古色古香，但是繁盛的街市中，高聳的房屋，繁密的交通網，又何嘗不是近代化呢？不過我們應該注意，人家所有古色古香的東西，都整理得很好，不像我們中國把古蹟保存得破破爛爛的。還有，外國遊覽之士，於遊賞古跡的時候，多抱有一種研究學問的意思，所以導遊的人，也不是普通人所能擔任，必定經過相當的訓練，有了基本的學問，方能去幹這種事。試問我國人於遊覽之外，研究學問者能有幾人？」

我聽了這幾句話，真有一些感慨。再問道：「美國提倡空中旅行，已形白熱化，先生見到些什麼呢？」

「在美國坐飛機，已無所用其驚奇了！因為飛機的確安穩舒適，沒有危險，一般人對於飛機和火車汽車，是一樣看待的；而青年人尤絕對的信任。現在華盛頓的高級官吏，每星期尾所謂出外旅行，多是乘坐飛機，是一件很普通的事。」

「美國的旅館事業如何？」

陳光甫先生（自右起第三人）遊廬山留影

「旅館事業，在美國是一種專門學問，是最大的企業。在社會不景氣以前，旅館事業在美國各種事業中，可以列入第三、四等。經營旅館的人，不知道失敗了若干次，研究了若干年，才有一線曙光。現在辦旅館的人，多研究成本輕，效率大，一切是在埋頭苦幹著。我在美國所住的May flower hotel，也是失敗了多次，最近方才整理完好。至於旅館裏面的設備，是趨重機械化，和中國旅館裏的茶房一排一排的坐在堂口，人多而服務少的情形，完全不同。關於一切傳喚的事情，都藉電話之力來解決，譬如說要報紙，要開水和洗衣服等等，都可以用電話喚人辦理。至於櫃上的職員，——就是上海人所謂賬房間——那格外是智識充足，無所不通，無所不知了。所有買車票，定舖位，運行李，打電報，匯銀錢，甚於代訂看戲的票子，他們都可以替客人去買，一切都辦理得很有條理，服務得異常周到，再進一步說，這個櫃可以說是一個旅行社。總而言之，他們的組織，是以旅客為對象，凡是客人所需要的，就無不俱備了。旅館裏並且有大飯廳和各種小飯廳，大飯廳是預備盛大宴會的，小飯廳則專供旅客小喫，所以有錢的客人，用得闊綽一點固然可以，就是比較歡喜經濟一點的旅客，也有享樂的機會。」

當然，旅館以旅客為對象，是立於不敗的地位的，我心裏這樣想。

我再問道：「吸引遊客，固然可以獲得若干金錢，但除此以外，還有什麼關係呢？」

陳先生答道：「各國對於遊覽事業，都十二分的努力。譬如說，巴黎開了一個美術展覽會，陳列名家作品，主持遊覽機關的人，就可以利用這個機會去歆動遊客，在展覽會開會期內，所有車票，均可以打一個對折。至於有了其他的集會或隆重的季節時，他們也不肯輕輕放過，都用種種手段，不惜工本去招徠旅客。再講德國的輪船，現在每小時速率，可行十九海浬，比較從前每小時駛行十二、三海浬的輪船，已進步得多了。德國的船上，除服務周到，使得旅客滿意而外，還時時刻刻宣傳德國的好處。船上常開映電影，把德國山清水淑的所在和養病讀書的佳處，都一一映露出來，使旅客們獲著優美深刻的印象，累千累萬，真不可勝數。此外，船上所用的東西，固然是德國貨，就是喫的，也滿儲著德國的農產品，在輪船的本身，或者不能得到許多利益，但是每一個人，我可以保證，對於德國都表示十二分的同情，除同情而外，只有佩服和信仰。你要知道，現在世界上最進步的國家，每一個國民，多從感情而入於理智的途徑，無論何種樣的國家，只要地方乾淨，一切有組織，上軌道，人家總是敬重的。談到我們中國，也是有辦法的，只須上下一心，多花一點錢，是可以把整個的國家弄好的。我們還是從輪船來說，中國船上，除了高級艙位，出了相當的代價，可以享受著優良待遇外，其餘的旅客，多是過的牛馬生活，我們非絕對剷除不可。我自信，我們要提倡旅行，應先把中國人旅行所受的苦楚改革。如果單顧到皮毛，使幾個外國人滿意，那是假的，是站不往的。」

先生說時，聲音漸漸響朗，有無限激昂的情緒，臉上流露著很誠摯的熱情。

我想，倘使上下一心的話，真可以把國家弄好，何況中國本來是一個資源很富的國家呢？單講名勝古蹟，中國的好東西，真是不可勝數，因再問道：「先生對於保存古跡的意見如何？」

「歐美人士，對於古跡，都生有天性，要加以保存；而且他們要保存的程度，比中國人厲害得多，尤其是美國，一般人愛好古跡的熱忱，隨時隨地，可以看得出。將各處的古跡，都保存得很好。我國的古跡，都靠私人設法來提倡保存，譬如像葉玉甫先生保存用直唐塑，就是一例，然而私人能有多少力量呢？這種事情，各地方的當局，應該隨時隨地加以注意才好。並且，我國人士也很懂得保存古跡的方法，我最近去遊廬山，山中大林寺，有唐代白居易題的桃花詩，確是真跡，現在已經妥為保存起來，保存的方法很好。這首桃花詩，我還記得，是一首絕句：

人間四月芳菲盡，山寺桃花始盛開，
長恨春歸無覓處，不知轉人此中來。

我國古跡，像白居易這一類的石碑石刻，不知道有多少，可以說每一個地方都有，這些古跡，都是我們的祖宗遺留下來，是我們的國寶，我們應該如何妥慎保存，方可以對得起我們的祖宗。更進一步說，保存古跡還不能就此了事，我們還要引導人家去看，嚮導者要把古跡的歷史和大道理，都源源本本的講出來，使得遊客瞭然於前後經過，才算盡了責任。像意大利就非常注意嚮導員的資格，他們要經過考試，由內政部發給執照，方可以取得嚮導員的資格？簡直把嚮導員當一個教員看待，這是何等鄭重呀！所以我的意見，千言萬語都不必講，中國人保存古跡，要有人去看，看了更要能夠懂，不然，一切都是死的。我認為嚮導員的訓練，應該由政府提倡，旅行事業是一種科學事業，並不簡單，我始終認得很清楚的。」

「旅行的益處，大家都知道的，但照中國現在的情形，旅行二字，仍為資產階級所享受，我想，最低的限度，普通的平民，也應得想點法子，使大家有遊覽的機會，先生的意見如何？」

陳先生聽到這個問題，很表示同情，他說道：「這是應當的呀！現在我們所時時舉辦的短程團體旅行，花了一、二元錢，出去遊覽一天，就是為一般人著想的。至於工廠裏的工人，應該由廠方當局，選擇春秋佳日放假的時候，一年辦一、二回遠足，使得工人們透一點新鮮空氣，增加一些智識，其結果是工人的工作效能增加，於廠方也狠有益的。你所問的平民旅行問題也不是不能做到的。」

談話約一小時，太陽已漸漸隱沒了，先生案頭的信件，堆積得很高，尚待處理，主人雖無倦意，訪客再也不好意思絮聒了。在辭別的時候，瞥見陳先生在廬山所攝得的照片，當下就借來印在本文之中。

當我自椅上立起來時，陳先生又慨然說：「你看自南京自丹陽一段，就有不計其數的古跡，如果有人在各地爬梳整理起來，就可以形成一個名勝古跡區，真是蔚然大觀，國家之寶呀！」

我聽了非常感動！在走下扶梯的時候，腦筋中縈繞著無限美麗的幻影，覺得我們中國是太可愛了！我們應該做的工作，是太多了！

吳 開 先

吳開先（1899-1990），字啟人，上海人，政治人物。1921年，考入上海法學院。畢業後，在上海創辦思毅中學，自任校長。1927年後，歷任國民黨上海市黨部執委常委、組織部長、上海市社會局局長等職務。1933年，出任國民政府立法委員。此後又擔任國民黨中央執行委員、上海市黨部主任委員等職務。抗戰爆發後，任國民黨中央黨部組織部副部長。汪偽時期，任國民黨上海敵後工作統一委員會執行常委兼秘書長，全面負責上海的黨、政、軍、團的地下工作。抗戰勝利後，任國民黨上海市黨部常委、上海市社會局局長。不久，調任國民政府社會部政務次長。1949年赴台灣。曾任中華書局董事、總統府國策顧問等職。其長女婿唐德剛為中國近現代史學家。

十九、吳開先先生訪問記

誰都知道吳開先先生是青年運動領袖，這十幾年來，在黨國方面，建立了不少功績，是大家所一致稱讚的，然而憑我個人的觀察，同時吳先生又是旅行家。從他的談話中，可以知道他對於欣賞山水的真趣，是非常熱烈；而批評山水的言論，尤其是別具見解，非老於遊歷者不能曲曲道出。

吳先生是一位有為的青年，他沒有小我，他的思想，完全以大我為出發點，換一句話說，他是站在群眾方面的，他不肯為了他個人利害的關係而離開大眾的。倘使對於大眾有利，就是犧牲了小我——他自己，他是絕對樂意的。以上所舉的好像很空泛；然而我們注意到他以往為公眾服務的事件，隨時可以發現他「無小我」的精神。

他是非常豪爽而又富於熱烈情緒的人，在談話時，他隨時流露出他的個性。

此次胡漢民先生在廣州國葬，吳先生代表上海市黨部前往致祭，借這個機會，他擺脫了紛忙的工作，南遊了兩個星期。我於他歸來時前去訪問，問一點南遊印象和對於旅行的感想。

很隨便地談話，寫下了這一篇。

「先生此次南遊的印象如何？去時是從海道先到香港嗎？」

「去時是坐船赴香港再到廣州，回來時係遵粵漢鐵路到漢口，換江輪歸滬的。此番南遊的印象，覺得一切都非常之好。我們所坐的船，是德郵 Postsdam 輪，是滬港間最快的輪船，行程不足四十八小時。船上很清潔，而秩序的整齊嚴肅，尤值得我們讚歎。我想，倘使招商局也有這樣一條的輪船，我們不曉得怎樣歡喜呢！」吳先生對於德船的優美，是極端讚許的，同時也期望中國有同樣的船。

我說：「德國民族的精神，隨處都是表現著偉大、嚴肅，自有不可侵犯的道理。」

吳先生笑道：「聽說柏林的街上，個個挺胸闊步，戴著黑帽子，那一種嚴整的神情，好像每一個人都是國務總理，這是一種民族精神的表現，此德國之所以為德國也。」吳先生說時，帶一點幽默的神氣。

我聽了不禁失笑，我想中國就缺少這些挺胸闊步，勇往直前的人。我問道：「先生在此短短的海程中，拋卻都市間一切的煩囂，胸襟當為之一暢罷！」

「此行一無風浪，宛然在揚子江中航行，本來九、十月間，是航海最佳的季節。船上的生活，太舒適了，不過有點奢靡，一日三餐而外，還要喝幾次茶。至於設備方面，也應有盡有，這條船就是一個完善的大旅館。我在船上最感興會的，是憑著船舷看夕陽。」

「海上夕陽的美妙，當然是一種壯麗的景色了。」我說。

「是的，在山頭觀落日，每苦不能窮盡，海上則不然，可以看到整個的大如車輪的太陽，漸漸地向下沉，而每一分鐘甚至於每一秒鐘都在那裏變幻色彩，把靜止的海水照耀得光怪陸離，其色彩的美麗，真是不可思議。……」

吳先生贊美海上的夕陽，刻畫盡致，可惜我這枝禿筆，未能描摹罷了！

「香港的遊觀，也很暢適罷！」我問。

「香港的繁華，遠不及從前了，這是舉世不可避免的不景氣，香港當然不能例外。不過香港的風景，並不因不景氣而減色。我最欣賞的，是淺水灣，藍色的海水上，點綴些小島嶼，三三兩兩，簡直是一幅畫圖。當我們坐汽車向淺水灣進發時，一路水抱山環，顯出不同的景色，令人心曠神怡。浴場前面的一片軟沙，和飯店廣場上的碧草，尤其可愛，青島的匯泉浴場，雖然很好，但是不及這裏的風光明媚，而青島的天然氣候，當然更不如香港的和煦了。」

淺水灣是我舊遊之地，當吳先生說到這些美麗的景色時，我不禁為之神往！

我說：「九龍租借地的市政和海濱一帶的風景，不是也很可觀麼？」

「九龍是香港的住宅區，大多數的人多在九龍居住，好在渡海電船是非常方便的。香港譬如是上海，九龍就是隔江的浦東；不過九龍的馬路和住宅，同靜安寺和愚園路相彷彿，而許多海輪，也是停泊在九龍。所以在形勢上說，九龍好像浦東，但是浦東的文明程度，比較九龍至少落後一世紀以上。至於九龍沿海的風景，格外美妙極了。我們坐在廣九車上，鐵路是沿著海濱向前進行的，一邊是山，一邊就是海，島嶼縱橫，漁舟出沒，向車窗外眺望，說不盡的風光。」

「廣州的印象怎樣？」

「民國十四年，我在廣州，一別就是十年，此番前去，幾乎不識了。廣州市的建設，著實有些進步。提到風景，廣州市區以內，就沒有什麼好風景，名勝多在郊外附近，如白雲山等，但是我酷愛從化的風光……」

吳先生很讚美從化，他說：「從化這個地方，山明水秀，和浙江奉化的溪口相彷彿，可惜溪口就沒有溫泉。從化的溫泉，藏在海濱的沙灘上，隨處湧現，遊人只要在沙裏掏一掏泉水，便會汩汩地冒出來。從化還有大瀑布名百丈泉，和溪口千丈巖的瀑布，同樣偉大，所以從化這個地方，有山有水，有瀑布，有溫泉，可以說是最完美的遊覽區了。」

我笑道：「南京的湯山，溫泉也很不差呀！」我好像替湯山辯護似的。

吳先生笑道：「但是湯山談不到山明水秀，更從何處覓取大瀑布呢？」

這是真的，湯山除溫泉而外，真是一無所有。我再問道：「羅浮不曾去麼？」

「本來預備去的，因羅浮大火而中止，聽說此次大火，一共燒了十幾天，把很古很美的大樹多燒掉了，這是一件最可痛惜的事，中國人保護森林的觀念，總是太差。」

這可算羅浮的浩劫！我們相與太息了一回。談至此處，吳先生很鄭重地說，廣東賭禁是成功了。他說：「廣東人愛賭，是大家都知道的。旅館的賭博是最普遍的；菜館裏也是賭場。通常宴會，包好了一個廳，從下午六、七時就賭錢，非到十一時不會吃飯的。自從廣州當局奉蔣先生的命令，切實禁賭後，一時雷厲風行，非但旅館菜館內沒有賭場，就是人家住宅內，也聽不到牌聲，可算是弊絕風清了。最值得注意的，沙面租界也幫助廣州當局禁賭，往年廣州禁賭，大家多避到沙面去開賭，等到風聲平靜，又陸續的搬出來。這一回沙面租界的當局規定辦法，旅館內到了晚上十一時，便不許有四個人在房裏……」

吳開先先生

我問：「這是什麼呢？」

「因為四個人便可成局了。沙面到晚上十一時，便把鐵門關上，出入的人，均須檢查，所以一般賭徒均無從匿跡。」

「但是他們會到澳門去呀！」

「不是這樣說，到澳門去的人，是豪賭者，廣州禁賭後，可以免掉許多人傾家蕩產，這真是一件德政。」

「還有其他感想沒有？」

「廣州的市街上，到處都是人，一夜到天明，行人不斷的往來，我常常研究這個道理，大概是廣州的房屋，建築得很經濟，房子很窄，一般人在家裏坐不住，並且因為天氣的關係，所以只好到街上來。此外如果我們住在鬧市口的旅館中，街沿上木屐的聲音，可以終夜不斷，使得你難以安眠。幸而我這一次是住在東山，要不然，我只好坐以待旦了。」

以上所談的，是廣州的情形，我繼續問道：「先生於歸途，取道粵漢鐵路，路上的情景如何？」

「粵漢鐵路的工程，是偉大極了。那五嶺一段的工程，不是轟山，便是闢洞，把整個的山，好像切牛油似的切平了，火車方走過了第一個山洞，第二個山洞又湧現在眼前。像這樣的偉大艱鉅工程，我看來，只有平綏路可以比擬。至於風景，則樂昌至坪石一段，青山碧水，宛然似在畫圖之中，而金雞嶺的奇突，尤令人驚喜交集。」

「在路上沒有耽擱麼？」

「我在衡陽下車，又坐汽車到南嶽衡山一遊。衡山的局面很闊大，南嶽廟也氣概不凡。山上的路，修築得極平坦，可惜樹木少一點，這就要靠人力去培植了。在山只遊覽了一天，到上封寺去住宿，第二天凌晨，登祝融峯觀日出，因為有雲霧，竟沒有看到金光燦爛的旭日。」

「第二天就下山到長沙嗎？」

「我們承湖南建設廳的好意，以汽車送我們到長沙。我覺得湖南的公路，是值得稱讚的，路基的平穩堅固，可以說全國第一，就是山路上下坡，汽車也能開到五十碼快，這固然因為路好，同時也可以知道司機訓練得好。到長沙後，當晚再上粵漢車，第二天早上便到了武昌。武漢係舊遊之地，最難忘懷的是珞珈山，我特為趕了去看一看，總算重溫了舊夢。後來從漢口坐船，過南京便回到上海。」

吳先生將南遊的經過，已說明了一個大概，我忽然想起了南京，因問道：「先生是立法委員，不是每星期都到南京去開會麼？對於南京，有什麼感想？」

「首都的建設，在近數年來，有長足的進展，如果半年不到南京，再去時便有不同的感覺。這幾年的進步真快，而陵園一帶的風景，尤其一天好一天。春天的時候，到陵園去看花，真是繁花似海，什麼都有，我每次去京，一有空閒，必到陵園去散步，精神上非常之愉快。我們常去南京的人，一切都看慣了，不以為奇，倘使有一個陌生的人，第一次拜訪首都，看到許多偉大的新建設，一定是非常讚美，目不暇接；如果要盡興遊覽，看得仔細，最少需要一個星期或者甚至於一個月的光陰。」

「先生所遊歷的，此外有些什麼地方呢？」

「我遊歷的地方並不多，華北、華南和長江上下遊，都曾去過。中國的避暑區，若廬山，莫干山，青島，北戴河，普陀，我都曾住過若干時，廬山幽深，且多瀑布；莫干山雖小，但景緻很好，至於青島，北戴河，和普陀都是海濱，自然以青島為第一了。浙江的天目山也很不差，西天目多森林，東天目很高而且瀑布極偉大。」

「坐飛機的印象如何？」

「飛機比任何交通器具都舒服，尤其是現在的大型機。在民國十七、八年的時候，我在南京坐小飛機，已經飛過了紫金山，司機的覺得機器不很妥，飛下來修理，上上下下，就有了三次。滬蓉線最初通航時，我曾經從上海飛到漢口，覺得很滿意，一點沒有恐懼的意思。」

「先生有意到歐美一遊麼？」

吳先生有點感喟！他說：「我蓄此志久矣！在民國十七、八、九這三年中，無一年不想到外國去，可是總因為擺脫不了，一直躭擱到現在。」

我所要問的話，至此告一段落。吳先生最後說，《旅行雜誌》鼓舞了他的遊興不少，他是個老讀者，希望我秉著以往的精神，加倍努力下去，我於感謝之餘，便欣然和他握別。

王　雲　五

王雲五（1888-1979），原名之瑞，籍貫廣東香山，生於上海。自學成材，十九歲時，購得《大英百科全書》，以三年時間將全書35巨冊閱覽一遍，後來又先後加入兩所美國函授學校，修完土木工程及數學、物理、機械各種課程。1921年，經胡適推薦任商務印書館編譯所長，後任總經理。主理商務印書館期間，出版多種詞典、百科全書及叢書，又熱心研究中文字檢索方法及圖書館檢書辦法，發明四角號碼檢字法，並以此法編印《王雲五大辭典》，出版《萬有文庫》。1948年曾出任財政部長，期間推出金圓券，引起金融失調。1949年後到臺灣，並主持台灣商務印書館。他在商務印書館工作達40年之久。到臺後，曾任行政院設計委員、考試院副院長、行政院副院長。

二十、王雲五先生訪問記

我對於王雲五先生的印象，當然第一是因為他發明了四角檢字法，第二是他在青年時代把一部大英百科全書從頭至尾讀了一遍；可是他使得我深深感動的原因，是他的一篇文章〈兩年中的苦鬥〉。

這一篇文章很長，我讀了三遍，至今還歷歷在心頭。從此文中，我是很深切的認識了王先生，雖然，我們還是這回第一次見面。

王先生是一位極富於感情而又絕對有理智的人；因為有理智，所以不能感情用事，但是王先生並不把理智克服了感情，他是用理智來維護感情的。我們試看商務印書館於一二八後遭逢著極度的困難，王先生應付非常的局面，把握住理智去硬幹，當時同人中很有不能諒解的，但是困難過去後，大家才知道王先生確實是為了大眾，是為了文化教育的貢獻，不是為了他自己，同他過不去的人，個個都心悅誠服了，這就是他用理智來維護感情的證據。

王先生說：「無論怎樣無能力的人，只要肯把全副精神應付一件事，多少總有一點的成就。」這幾句話是我最所服膺的，我知道他無應酬，無嗜好，他只有兩件事：一件是讀書，一件就是工作；王先生的成功，不是偶然的。

此次訪問王先生，是先期寫信去約定的。在商務印書館三樓狹長的會客室中，我們見面寒暄後，便坐下來談下面所寫的問答。

「先生常出門去旅行麼？」我照著預定的題目，首先發問。

王先生笑道：「很少出去，我很想出外旅行，總因為沒有功夫。」

「旅行足以增長見聞，是大家都知道的；但是我們在旅行時，如果不細心體會，也得不到什麼。倘若隨時研究，則到處都是學問，先生的感想如何？」

先生很肯定的答覆道：「那是當然囉！現在講求學問，本不一定要在講堂裏，或者在書本上去研究，因為這些還是死的，惟有旅行所得，才是活的學問。我們要研究自然科學，就該出去旅行，實地去看自然界的現象；要致力於社會科學，自然到社會內層去探求。旅行是活的學問，全靠各人如何去研究罷了！」

旅行是「活的學問」，王先生的見解，真是很確當而又很新穎的。

我問道：「在國內，先生遊歷過幾處呢？」

「很少很少，讓我想一想，我到過北方，在北平住了幾年。南方也去過；我是廣東人，從小就出來，前四年才回去一趟。此外的行蹤，就是在江浙兩省方面了。哦！我新近到青島去過一次，還是第一回……」

「外國呢？」

「外國走的地方倒不少，大概有十幾個國家。在歐洲方面，若英，法，德，意，瑞士，比國，荷蘭和丹麥。美洲就是去了美國，日本只得經過一下。」

「風景優勝，以何國為最呢？」

「各國有各國的長處，也難以一概而論；不過瑞士是世界的花園；山明水秀，要以瑞士為首了。」

「先生在國外遊歷，有多少時候？」

「不過半年的光景，就是六年前到外國去考察的這一回。」

「先生出遊時，需要怎樣的伴侶，才算得志同道合呢？譬如一個人出去，總是很孤寂的呀！」

「我到外國，是一個人去的，倒不覺得怎樣孤寂，因為隨時隨地都可以得到伴侶。一個人在路上行走，或是在舟車裏，倘是能夠體會到 Social 這一個字，則到處都是朋友呀！」

「發展遊覽事業，同時可以表揚中國的文化麼？」我繼續發問。

「假使一個地方完全靠天然的風景來表顯它的優美，則文化表揚的機會很少。依我個人看來，文化和風景，固然有相當的關係，但是很難密切。我們若以北方的北平和中部的京杭作為根基點，去從事遊覽建設，則文化和風景，可以相得益彰，一舉兩得；因為這幾個地方的文化，都是有悠久的歷史的。中國儘有許多名山大川，除了佛教道教的寺觀外，表現文化之處，恐怕極少。」

「風景建設，當然先從便利交通入手，可是因為開闢馬路或者其他建設的關係，有時不得不把古跡毀損了；要保存古跡，則如何建設，先生有何種方法去解決呢？」

王先生沉吟了半晌，他說：「這種事，惟有取法於外國。譬如說瑞士，是一個以遊覽事業為國營事業的國家，每年全恃遊覽收入，為國家生存的資源，他們對於風景建設，完全依照天然的形勢去開闢交通，對於文化的表彰，極其有限。現在我且把瑞士的風景建設情形，約略說一說，端士建設風景區的原則，是把不容易去的地方，使得遊人很容易到。我上次到其他各國去，目的是在乎考察，附帶著遊覽；惟有到瑞士，是專為了遊覽。在瑞士住了一星期，我曾到少女峯去遊覽，登過少女峯的峯巔，我方知道瑞士對於風景建設的偉大。」

我很急於要知道少女峯的風景建設，對於王先生說話，很用心地聽下去。

王雲五先生

王先生繼續說道：「少女峯高一萬三千呎，照中國的交通方法，惟有苦了轎夫，跨著石級一步一步的將遊客抬上去；自山腳到山頂，恐怕需要兩、三天，在半山還要住宿，也許山頂積雪，還不能夠上去。但是在瑞士，遊覽少女峯，只要早上動身，到下午，天還沒有黑，就可以遊畢歸來。」

「是怎樣的方法呢？」

「他們用盤山火車，從山腳一直開到山頂的最高峯；大概有三分之二的路程，都是在山洞裏走；因為半山都是雪，並且火車必須迴環曲折，把坡度減低，才能夠到山頂。結果我們到了山頂，一眼望去，幾千呎下的山峯都是雪。像這種風景建設，都完全為天然風景著想，用科學和人工，把時間縮短，便利了遊人。」

在此時，王先生談話的興會，漸漸增高，停了一會，他繼續說道：「上面所講的，是天然風景與古跡無關者應該儘量去建設；瑞士的少女峯，不過舉了一個例。其他如英國，德國，法國，都是有深長的歷史，這幾個國家的古跡可多了。不過我的意見，古跡所在的地方，並不一定有天然的風景。像英、德、法等國保存古跡，都是照著千百年來的原樣保存，除交通有相當的便利外，都絲毫不敢有所增損；尤其是以保守著名的英國是如此。並且古跡所在的附近，也不准有大建築，恐怕遊人反客為主，見了新的建設，反而把舊的古跡忘懷了。至於美國，是一個新的國家，歷史還不很久，他們對於華盛頓的故居，就保存很好。華盛頓的故居很矮，是二層樓的屋子，大部分是平房，所有華盛頓生平服用起居的東西，一律照原樣保存著；連佈置的地位都不移動，使得遊人進了屋，可以追思華盛頓的生平，在這故居的附近，並無大的旅館，也沒有火車，僅備了公共汽車，供遊人往返而已。」

我問：「先生在旅行中，有時也遭逢著困難麼？」我問這句話的意思，是要知道王先生對於舟車中飲食起居，或者有時覺得很難堪的地方。

王先生很爽快的答道：「沒有！我是不怕喫苦的人，在內地旅行，有兩個必需的條件：一個是舟車上下不怕苦，一個是就飲食起居簡單化。我一切都很隨便，沒有床我可以睡地板，有臭蟲來咬，我也能忍受；至於飲食，凡是別人可以下咽的，我都能夠喫。我又好勞動，在旅行期內，我總認為機會難得，必儘量去遊覽；清早就起來出去，到天黑才回來。回來以後，還要在旅館附近去跑。總而言之，住慣城市任意享樂的人，到內地去或者以為很苦，我是不怕苦的，反而覺得很自由。」

「然則在旅行中先生有最暢快的事嗎？」我笑著問。

「生平遊覽，還是以瑞士之行為最愉快。在瑞士六、七天，一點沒有牽掛，儘量的去頑，瑞士水淑山清，交通便利，街市佈置，非常整潔，我徜徉了幾天，總算很暢快了。至於在國內的遊蹤，時間都很短的，不過兩三天，……」

說至此處，先生想了一會，大笑道：「有一次我很高興，是到天目山去。這一回，是中國經濟學社在天目山開年會，我和大家一齊去，高興的原因，是因為我走了不少路。從我的表面看來，我是很胖的，上山是一件不容易的事，如果徒步，是自己的身體苦；倘是坐轎，則自己的心裏苦。心裏苦又分為兩種：一是人道主義，一是挨轎夫罵。轎夫表面上並不是罵，他們總是嫌胖人太重，不是要增添一名轎夫；便是沿途絮括不休，表示他們勞苦功高，到終點的時候多給一些賞錢。你想，大家有手有腳的，為什麼人家抬轎，我自己不走路呢？」

王先生說得興會盎然，我也總算是一個胖人，聽了他的話，格外高興起來。

他於是乎接著說道：「那一次經濟學社開年會，浙江省政府盡地主之誼，給我們一些照料，臨安縣長好像辦差似的，事先僱了一百多乘轎子，等我們從汽車下來，坐轎登山。轎夫看見大批的人下了汽車，他們先爭著搶女太太去坐，女太太搶完了，便搶瘦子，我是胖子，不但沒人搶，簡直沒人要，到後來個個都上轎了，惟有我尚無轎可坐。臨安縣長親自在場，累得他很窘，便強迫一乘轎子請我坐。我上了轎，轎夫便說你先生福氣很大呢！像這樣福氣的人，總要三、四個人抬才好，他們口頭上是恭維，心裏實在是罵。我當時就說道，你們放心，現在還是平路，等到上山的時候，我下來走就是了。其實我跑山向來無此經驗，但是結果我一直跑上東天目山的山頂。這並不是我的本領，我跑到山頂的原因，第一是不願意受轎夫的欺負；第二是嘗試嘗試。另外還有一個道理，是因為在半路上有一位女太太的轎槓斷了，我把我的轎子請她坐，有此數種原因，我一口氣走到山頂，同遊的人，都很希奇，以為年高的人竟有如此精力，一天是跑了五十里路。」

王先生說完後，又大笑了一陣，好像猶有餘勇可賈的樣子。

這真是替胖人爭氣，我表示無上的同情！

我問道：「第二天呢？」

「第二天格外高興，索性不要坐轎了。我又從東天目跑到西天目，連下山的路同平路計算起來，兩天一共走了一百二十里路，到此時，大家都對我有點另眼看待的樣子。多謝我的兩條腿，居然為我爭了這口氣。」

王先生說完了，我想起今年春天我到湖南遊南嶽的情景，也是受了轎夫的欺負。

我在《南遊十記》上寫了下面的一段：「翌日是三月六日，我們作南嶽之遊，恐怕天氣寒冷，每人向旅行社借一件毛氈，將腿部牢牢裹住。仲廠長身體魁梧，不用說，是僱轎夫三人。惟有我，身體並不很高，看起來只須兩個轎夫，其實我體重是一百六十八磅，兩人總覺有些勉強，走到祝聖寺後，前面的轎夫，向我說：『先生，你福氣很大呢！』『唔！』我莫明其妙地答覆著。仲廠長是老湖南，他明瞭轎夫的用意，就為我多僱轎夫一人，所謂福氣大者，就是癡肥體重的意思。」

可惜我沒有王先生這樣的勇氣，倘若王先生遇到我這個轎夫，說不定要下轎徒步呢！閒言休絮，我再問道：「先生出外遊覽，也隨時注意當地的古跡麼？」

「我對古跡，並不很熱心；並不是不看，不過不情願因古跡而妨礙到遊覽罷了！我久居城市，一旦出外，必儘量看自然之美，所以還是飽看山水為第一，其次就是地方上的情形和活的風俗，因為活的風俗比死的古跡真切；尤其和車夫、轎夫談話，從他們口裏可以得到書本上不能得到的智識，我對古跡很懷疑，有時書本上有而本地方並尋不到；有時甚至於連古跡都是假的。」

這幾句話真不錯！古跡也未見得可靠！

「先生常坐飛機麼？」

「在美國坐過的，從紐約飛到華盛頓，路程很短，感覺得很舒服。」

王雲五先生題字

「到外國去旅行，關於言語舉止，我們應得注意的是怎樣，先生可以見教麼？」

「言語舉動最要緊，這又談到方才所說的Social這一個字了。這個字的意義，並不能譯作社交，很難得確切的意義，不過總含有社會性的意思。出門的人，不要太拘謹，要有一點Social，這樣，在路上，在舟車中，都可以得著朋友。在美國很隨便，只要你自己要朋友，朋友總會有的。英國人富於保守性，不容易招呼。現在我告訴你一件事情……」先生說時，又有笑容。

「一定又很有趣味的！」我說。

「從美國紐約泛舟渡大西洋，到歐洲去，最快的大船，大概是四天半；同時也有慢而小的船，要十一天功夫。我向來不怕暈船，情願坐小的船，第一是省錢，第二是舒服，小船頭等的價錢，只等於大船的二等；船上的供應，極其舒服。我要利用這十一天的光陰，在船上把考察的記載，整理一下，所以就坐小船到歐洲去。大概坐小船的人是學者或是自由職業的人，船上很自由，大家都不講究拘謹，在這個船上，我就結交了一個美國朋友。後來到了巴黎又遇到他……」

「大約有什麼可笑的事麼？」

先生笑道：「是的，巴黎的旅館，分為兩種：一種是能英語的旅館，費用大而不好，不過他們有善於英語的嚮導，陪你去遊玩。另一種是法國旅館，如果懂得法文的人，應該去住這種旅館，費用固然低廉，供應得又極其舒服，我是略懂法文的人，就往到法國旅館裏去。這個美國朋友，好像美國某大公司的會計主任，有了一點積蓄，特地到法國來遊玩的。他住在英國式的旅館，因為不懂法文，言語不通，處處覺得不方便，後來見到我，如獲至寶，親熱得好像自己的弟兄一樣。他告訴我，他要買的東西，自己明明知道應該到這一家去買，偏是嚮導的人不贊成，領他到別家去，他雖然不情願，但是不能開口，也沒有法子。」

我笑道：「此真所謂啞旅行也。」

「是的，真是啞旅行。我陪了他一天，後來又替他買了到英國的火車票，送他上車，臨別的當兒，他一副親熱的嘴臉，如同自己家裏的人，真是弟兄一般。我講了這一段，是證明出門時必須要朋友，同時又可以知道美國人是很隨便的。我們中國人的性情，固然不很活潑，又不十分歡喜交際，到外國去，應該稍加注意，最好還是能夠多Social一點，準會到處得著朋友。」

「先生的話，真是經驗之談，先生也是愛熱鬧的人呀！」

「不，不是的，我向來的習慣，是人多時歡喜孤寂；就拿我的家庭說，家裏的人很多，是一個大家庭，不過無論在何種環境之下，我可以一個坐在小房間裏做事，一點聲音都聽不見。但是在十分孤寂的時候，我倒反而愛起熱鬧來，能夠把環境轉換一下。」

我要問的話是完了，我們談話不足一小時。

王先生說話時所表現的神情，很使我聽了增加興會，尤其是前面所說跑上天目山的一節。我又覺得王先生的談話，很有條理，越說越有精彩，好像寫文章似的，這大概是學者治學的方法呀！

今天見了王先生的人，再回憶他那〈兩年中苦鬥〉的文章，我是深深地為他所感動了！

釀旅人15　PG1260

民初旅行見聞
——20位名人的旅行記

採　訪	趙君豪
主　編	蔡登山
責任編輯	陳思佑
圖文排版	莊皓云
封面設計	楊廣榕

出版策劃	釀出版
製作發行	秀威資訊科技股份有限公司 114 台北市內湖區瑞光路76巷65號1樓 電話：+886-2-2796-3638　傳真：+886-2-2796-1377 服務信箱：service@showwe.com.tw http://www.showwe.com.tw
郵政劃撥	19563868　戶名：秀威資訊科技股份有限公司
展售門市	國家書店【松江門市】 104 台北市中山區松江路209號1樓 電話：+886-2-2518-0207　傳真：+886-2-2518-0778
網路訂購	秀威網路書店：http://www.bodbooks.com.tw 國家網路書店：http://www.govbooks.com.tw
法律顧問	毛國樑　律師
總 經 銷	聯合發行股份有限公司 231新北市新店區寶橋路235巷6弄6號4F 電話：+886-2-2917-8022　傳真：+886-2-2915-6275

出版日期	2015年1月　BOD一版
定　價	280元

國家圖書館出版品預行編目

民初旅行見聞：20位名人的旅行記 / 趙君豪採訪；蔡登山主編. -- 一版. -- 臺北市：釀出版, 2015.01
面； 公分. -- (釀旅人；15)
BOD版
ISBN 978-986-5696-71-9 (平裝)

1. 旅遊文學 2. 世界地理 3. 訪談 4. 文集

719 103026470

讀者回函卡

感謝您購買本書，為提升服務品質，請填妥以下資料，將讀者回函卡直接寄回或傳真本公司，收到您的寶貴意見後，我們會收藏記錄及檢討，謝謝！

如您需要了解本公司最新出版書目、購書優惠或企劃活動，歡迎您上網查詢或下載相關資料：http:// www.showwe.com.tw

您購買的書名：＿＿＿＿＿＿＿＿＿＿＿＿＿＿＿＿＿＿＿＿＿＿＿＿

出生日期：＿＿＿＿年＿＿＿＿月＿＿＿＿日

學歷：□高中（含）以下　□大專　□研究所（含）以上

職業：□製造業　□金融業　□資訊業　□軍警　□傳播業　□自由業

□服務業　□公務員　□教職　□學生　□家管　□其它＿＿＿

購書地點：□網路書店　□實體書店　□書展　□郵購　□贈閱　□其他

您從何得知本書的消息？

□網路書店　□實體書店　□網路搜尋　□電子報　□書訊　□雜誌

□傳播媒體　□親友推薦　□網站推薦　□部落格　□其他＿＿＿＿＿

您對本書的評價：（請填代號　1.非常滿意　2.滿意　3.尚可　4.再改進）

封面設計＿＿　版面編排＿＿　內容＿＿　文／譯筆＿＿　價格＿＿

讀完書後您覺得：

□很有收穫　□有收穫　□收穫不多　□沒收穫

對我們的建議：＿＿＿＿＿＿＿＿＿＿＿＿＿＿＿＿＿＿＿＿＿＿＿＿

＿＿＿＿＿＿＿＿＿＿＿＿＿＿＿＿＿＿＿＿＿＿＿＿＿＿＿＿＿＿

＿＿＿＿＿＿＿＿＿＿＿＿＿＿＿＿＿＿＿＿＿＿＿＿＿＿＿＿＿＿

＿＿＿＿＿＿＿＿＿＿＿＿＿＿＿＿＿＿＿＿＿＿＿＿＿＿＿＿＿＿

請貼
郵票

11466
台北市內湖區瑞光路 76 巷 65 號 1 樓
秀威資訊科技股份有限公司 收
BOD 數位出版事業部

（請沿線對折寄回，謝謝！）

姓　　名：＿＿＿＿＿＿＿＿　年齡：＿＿＿＿　性別：□女　□男

郵遞區號：□□□□□

地　　址：＿＿＿＿＿＿＿＿＿＿＿＿＿＿＿＿＿＿＿＿

聯絡電話：(日)＿＿＿＿＿＿＿＿＿＿(夜)＿＿＿＿＿＿＿＿＿＿

E-mail：＿＿＿＿＿＿＿＿＿＿＿＿＿＿＿＿＿＿＿＿